梁啓超 著

飲冰室合集

專集

第二十三册

中華書局

飲冰室專集之九十九

中國歷史研究法（補編）

目錄

分論一　人的專史

飲冰室專集之九十九

中國歷史研究法（補編）

梁任公講　周傳儒　姚名達筆記

緒論

此次所講的歷史研究法，與幾年前所講的歷史研究法迥然不同。一則因為本人性情，已經講過的東西不願再講，再則用舊的著作做講演稿，有甚麽意思，諸君不要以為此次所講的就是前次講過的。我那舊作中國歷史研究法，祇可供參考而已。此次講演，實為舊作的一種補充。凡中國歷史研究法書中已經說過的，此次都不詳細再講，所以本篇可名之為補中國歷史研究法，或廣中國歷史研究法。

本演講全部組織，可以分為「總論」「分論」兩部。總論注重理論的說明，分論注重專史的研究。其宗旨在使有研究歷史興味的人，對於各種專史，知道應該研究，幷且知道如何研究。舊作所述，極為簡單，不過說明一部通史應如何作法而已。此次講演，較為詳細，偏重研究專史如何下手。因為作通史本不是一件容易的事情，專史沒有做好，通史更做不好。若是各人各做專史的一部分，大家合起來，便成一部頂好的通史了。此次講演，既然注重專史，所以又可叫做各種專史研究法。總論的部分，因為是補充中國歷史研究法所不足，所以很零亂。沒有甚麼系統。分論的部分。因爲注重各種專史的作法。所以較複雜。更豐富。其內容又可分爲五項。

(一)人的專史　卽舊史的傳記體。年譜體。專以一個人爲主。例如孔子傳。玄奘傳。曾國藩年譜等。

(二)事的專史　卽舊史的記事本末體。專以重大事情爲主。例如晚明流寇。復社本末。洪楊之亂。辛亥革命等。

(三)文物的專史　卽舊史的書志體。專以文物典章社會狀況爲主。如我去年在本校（淸華）所講文化史。卽屬此項性質。此在專史中最爲重要。

(四)地方的專史　卽舊史之方志體。因中國幅員太廣。各地發展之經過多所懸殊。舊史專以帝都所在爲中心。實不能提挈全部文化之眞相。所以應該分爲若干區域。以觀其各時代發達之跡。其邊地如滇黔西域關東……等。尤當特別研究。

(五)斷代的專史　卽舊史的斷代史體。專以一個時代爲主。但不必以一姓興亡畫分。例如春秋史。戰國史。晚唐藩鎭及五代十國史。宋遼金夏時代史等。

雖然專史並不祇此五種。然粗略分類。所有專史大都可以包括了。例如人的傳記。一人如何做。多人如何做。年譜如何做。又如事的本末。戰爭如何做。變革如何做。興亡如何做。其他文物的考據。斷代的劃分。應該如何。這類問題。以後每次講一項。仔細研究。具體討論。每項舉一個例。將各種專史的做法。分門別類。講演一番。於諸君日後自己研究上。或者較有益處。

總論之部。計分三章。其目如下。

第一章　史之目的
第二章　史家之四長
第三章　四種專史概論
此三章不倫不類，沒有甚麼系統與組織。其原因，一則因爲有許多方法，舊作已經講過，此外不必細述。再則因爲此次講演，專重專史的研究，那些空空洞洞的理論，也沒有細說的必要。這樣一來，所以總論三章不得不極其簡略了。

總論

第一章　史的目的

無論研究何種學問，都要有目的。甚麽是歷史的目的。簡單一句話。歷史的目的在將過去的眞事實予以新意義或新價值，以供現代人活動之資鑑。假如不是有此種目的，則過去的歷史如此之多，已經足够了。在中國他種書籍尙不敢說，若說歷史書籍，除二十四史以外，還有九通及九種記事本末等，眞是汗牛充棟。吾人做新歷史而無新目的，大大可以不作。歷史所以要常常去研究，歷史所以值得研究。就是因爲要不斷的予以新意義及新價值，以供吾人活動的資鑑。譬如電影。由許多呆板的影片湊合成一個活動的電影。一定有他的意義及價值。合攏看是活的，分開看是死的。吾人將許多死的影片組織好，通上電流，使之活動，活動的結果，就是使人感動。研究歷史也同做電影一樣。吾人將許多死的事實組織好，予以意義及價值，使之活動，活動的結果，就是供給現代人應用。再把這個目的分段細細解釋。必定要先有眞事實，纔能說到意義。有意義纔能說到價值。有意義及價值纔可說到活動。

甲　求得眞事實

(一)鉤沉法　想要求得眞事實，有五種用功的方法，已經沉沒了的實事。應該重新尋出。此類事實，愈古愈多。譬如歐洲當中世紀的時候，做羅馬史的人，專靠書本上的記載，所以記載的事情，有許多靠不住的。後來羅馬邦渒等處發現很多古代的遺蹟實物．然後羅馬史的眞相纔能逐漸明白．此類事實不專限於古代．卽在近代亦有許多事實沒去了。要把他鉤出來．例子亦很不少．如俾士麥死了以後．他的日記纔流傳出來．那日記上面所記的與前此各種記錄所傳的大不相同．於是當時歷史上歐洲諸國的關係因而有許多改觀的地方．此種例子．在中國尤其繁多．在光緒二十六七年間．有一次德皇威廉第二發起組織中俄德聯盟相傳結有密約．關於歐洲方面的史料雖略有發現．關於中國方面的史料一點也沒有．要知道這件事的眞相．非設法問當時的當事人不可．慈禧太后死了．慶親王奕劻當時掌握朝政．想來很瞭然．可惜沒有法子去問．此外孫寶琦當時爲駐德公使．在理應該淸楚．但他並沒有記載下來．若不趁這時問個明白．此項史料便如沉落大海了．我們若把他鉤起來．豈非最有趣味最關緊要的事情．

(二)正誤法　有許多事實．從前人記錯了．我們不特不可盲從．而且應當改正．此類事實．古代史固然不少．近代史尤甚多．比如現在京漢路上的戰爭．北京報上所載的．就完全不是事實．吾人研究近代史．若把所有報紙．所有官電．逐日仔細批閱抄錄．用功可謂極勤．但結果毫無用處．在今日尚如此．在古代亦是一樣．而且還要錯誤得更利害些．

以上兩種方法．在中國歷史研究法上講得很詳．此處用不着細說了．其實吾人研究歷史．不單在做麻煩工作及費難得資料．有許多資料並不難覓．工作亦不麻煩的題目．吾人尤其應該注意．近人考據．喜歡專門研究一個難題．這種精神固然可取．但專門考校．倘非主要工作．沒有問題的資料．應當如何整理．極其平常的工作．應當如何進行．實爲重要問題．上述二項．講的是含有特別性的事實的處理方法．下面三項．專講含有普通性的事實的處理方法。

(三)新注意　有許多向來史家不大注意的材料。我們應當特別注意它。例如詩歌的搜集。故事的採訪。可因以獲得許多帶歷史成分的材料。前人不甚注意。現在北京大學有人在那裏研究了。還有許多普通現象。普通事務極有研究的價值的。例如用統計的方法研究任何史料。都可有發明。從地理上的分配及年代的分配考求某種現象在何代或何地最爲發達。也就是其中的一種。又如西域的文化。從前人看得很輕。普通提到甘肅新疆。常與一般蠻夷平等看待。以爲絕對沒有甚麼文化。但據最近的研究。——尤其是法國人德國人的研究。——發見西域地方在古代不特文化很高。而且與中國本部有密切的關係。許多西方文化皆從西域輸入。此外有許多小事情。前人不注意。看不出他的重要。若是我們予以一種新解釋。立刻便重要起來。往往因爲眼前問題引出很遠的問題。因爲小的範圍擴張到大的範圍。我們研究歷史要將注意力集中。要另具隻眼。把歷史上平常人所不注意的事情。作爲發端。追根研究下去。可以引出許多新事實。尋得許多新意義。

(四)搜集排比法　有許多歷史上的事情。原來是一件件的分開着。看不出什麼道理。若是一件件的排比起來。意義就很大了。例如掃帚草是一株極平常的植物。栽花栽到掃帚草。一點也不值得注意。但是若把它排成行列。植成文字。那就很好看了。所謂『屬辭比事。春秋之教。』正是這個意思。我們研究歷史。要把許多似乎很不要緊的事情。聯合起來。加以研究。又如中國人過節。是一件極普通的事情。一年之中。要過許多的節。單過中秋。覺得沒有甚麼意義。若把端午七夕中秋重陽等節排比起來。加以比較。然後研究爲甚麼要過節。過節如何過法。就可以從這裏邊看出許多重要的意義。或者是紀念前哲。或者娛樂自己。國民心理的一部份。胥可由此看出。諸如此類的事實很多。散落零亂時。似無價值。一經搜集排比。意義便極其重大。所以歷史家的責任。就在會搜集。會排比。

(五)聯絡法　第四種方法可以適用於同時的材料。第五種方法可以適用於先後的材料。許多歷史上的事情。順看平看似無意義。亦沒有甚麼結果。但是細細的把長時間的歷史通盤聯絡起來。就有意義。有結果了。比如晚明時代。許多士大夫排斥滿清。或死或亡。不與合作。看去似很消極。死者自死。亡者自亡。滿清仍然做他的皇帝。而且做得很好。這種死亡。豈不是白死亡了嗎。這種不合作。豈不是毫無意義嗎。若把全部歷史綜合來看。自明室衰亡看起。至辛亥革命止。原因結果。極明白了。意義價值。亦很顯然。假如沒有晚明那些學者義士仗節不辱。把民族精神喚起。那末辛亥革命能否產生。還是問題呢。歷史上有許多事情是這樣。若是不聯絡看。沒有甚麼意義可言。假如仔細研究。關係極其重要。

上述對於事實的五種用功方法。若研究過去事實。此五種方法都有用。或全用。或用一二種不等。以下再講予以新意義及新價值。

乙　予以新意義

所謂予以新意義。有幾種解釋。或者從前的活動。本來很有意義。後人沒有覺察出來。須得把它從新復活。所謂『發潛闡幽』。就是這個意思。或者從前的活動。被後人看錯了。須得把它從新改正。此種工作。亦極重要。前一項例子比較的少。後一項例子比較的多。譬如研究周公的封建制度。追求本來用意。究竟何在。有人說封建是社會上最好的制度。最有益的制度。到底周公採用封建。就是因為它是最有益的制度嗎。其實周公意思並非認封建對於全體社會有何益處，不過對於周朝那個時代較爲適用，較爲有益而已。又如研究王荆公的新法，追求他本來用意究竟何在。從前大家都把他看錯了，都認爲一個聚斂之臣，到底荆公採用新法完全以聚斂爲目的嗎。其實荆公種種舉動都有深意。他的青苗保甲保馬市易諸法，在當時確是一種富國强兵之要術，到了後來，仍然常常採用呢。還有一種本來的活動，完全沒有意義，經過多少年以後，忽然看出意義來了。因爲吾人的動作，一部份是有意識的動作，一部份是無意識的動作。——心理學上或稱潛意識，或稱下意識。如像說夢話，或受催眠術等，都是——一人如此，一團體一社會的多數活動亦然。許多事本來無意義，後人讀歷史纔能把意義看出。總括起來說，吾人懸擬一個目的，把種種無意義的事實追求出一個新意義，本來有意義而看錯了的，給他改正。本有意義而沒覺察的，給他看出來。所謂予以新意義，就是這樣解釋。

丙　予以新價值

所謂予以新價值，就是把過去的事實，從新的估價。價值有兩種，有一時的價值，過時而價頓減。有永久的價值，時間愈久，價值愈見加增。研究歷史的人，兩種都得注意，不可有所忽視。甚麼是一時的價值，有許多事實，在現在毫無價值，在當時價值很大。卽如封建制度，確是周公的强本固基的方法。周朝八百多年的天下，全靠這種制度維持。吾人不能因爲封建制度在今日沒有用處，連他過去的價值亦完全抹殺。歷史上此類事實很多，要用公平眼光，從當時環境看出他的價值來。甚麼是永久的價值，有許多事實，在當時價值甚微，在後代價值極爲顯著。卽如晚明士大夫之抗滿淸，在當時確是一種消極的無效果的抵制法，於滿淸之統治中國，絲毫無損。但在辛亥革命時，纔知道從前的排滿是有價值的，而且在永久的民族活動上，從前的排滿也是極有價值。歷史家的責任。貴在把種種事實擺出來。從新估定一番。總括起來說。就是從前有價值。現在無價值的。不要把它輕輕抹殺了。從前無價值。現在有價值的。不要把它輕輕放過了。

丁　供吾人活動之資鑑

新意義與新價值之解釋既明。茲再進而研究供吾人活動之資鑑。所謂活動。亦有二種解釋。即社會活動方面與個人活動方面。研究兩方面的活動。都要求出一種用處。現在人很喜歡倡『爲學問而學問』的高調。其實『學以致用』四字也不能看輕。爲甚麼要看歷史。希望自己得點東西。爲甚麼要作歷史。希望讀者得點益處。學問是拿來致用的。不單是爲學問而學問而已。

先言社會活動方面。社會是繼續有機體。個人是此有機體的一個細胞。吾人不論如何活動。對於全盤歷史。整個社會總受相當束縛。看歷史要看他的變遷。這種變遷就是社會活動。又分二目。

(一)轉變的活動　因爲經過一番活動。由這種社會變成他種社會。或者由一種活動生出他種活動。無論變久變暫。變好變壞。最少有一大部分可以備現代參考。通常說一治一亂。我們要問如何社會會治。如何社會會亂。並且看各部分各方面的活動。如像君主專制之下。君主宰相的活動。以及人民的活動。如何結果。如何轉變。這樣看出來的成敗得失。可以供吾人一部分的參考。

(二)增益的活動　政治的治亂。不過一時的衝動。全部文化纔是人類活動的成績。人類活動好像一條很長的路。全部文化好像一個很高的山。吾人要知道自己的立足點。自己的責任。須得常常設法走上九百級的高山上添上一把土。因是之故。第一要知道文化遺產之多少。若不知而創作。那是白費氣力。第二要知道添土的方法。我是中國一分子。中國是世界一分子。旁人添一把土。我亦添一把土。全部文化自然增高了。

次述個人活動方面。嚴格說起來。中國過去的歷史差不多以歷史為個人活動的模範。此種特色。不可看輕。看歷史要看他的影響。首當其衝者就是個活動。亦可分為二目。

(一)外的方面　司馬光作資治通鑑。其本來目的就是拿給個人作模範的。自從朱子以後。讀此書的人都說他『最能益人神智』。甚麼叫益人神智就是告訴人對於種種事情如何應付的方法。此即歷史家眞實本領所在。司馬光的資治通鑑可以益人神智之處甚多。畢秋帆的續資治通鑑可以益人神智之處就少了。因為畢書注重死的方面。光書注重活的方面。光書有好幾處紀載史事。不看下面想不出應付的方法。再看下面居然應付得很好。這種地方益人神智不少。

(二)內的方面　我們看一個偉人的傳記。看他能夠成功的原因。往往有許多在很小的地方。所以自己對於小事末節也當特別注意。但不單要看他的成功。還要看他的失敗。如何會好。如何會壞。兩面看到。擇善而從。讀史。外的益處固然很多。內的益處亦復不少。

史家有社會個人兩方俱顧慮到的。好像一幅影片。能教人哭。能教人笑。影片而不能使人哭。使人笑。猶之歷史不能增長智識。鍛鍊精神。便沒有價值一樣。

戊　讀史的方式

附帶要說幾句。關於讀歷史的方法。本來可以不在這兒講。不過稍為略說幾句。對於自己研究上亦有很大的益處。如何讀歷史。纔能變死為活。纔能使人得益。依我的經驗。可以說有兩種。一種是鳥瞰式。一種是解剖式。

(一)鳥瞰式　這種方法在知大概。令讀者於全部書或全盤事能得一個明瞭簡單的概念。好像乘飛機飛空騰躍。在半天中俯視一切。看物撮影。都極其清楚。不過又可以叫做飛機式的讀史方法。

(二)解剖式　這種方法在知底細。令讀者於一章書或一件事能得一個徹始徹終的了解。好像用顯微鏡細察蒼蠅。把蒼蠅的五臟六腑看得絲絲見骨。這種方法又可以叫做顯微鏡的讀史方法。

此回所講。偏於專史性質。既較精細深刻。所以用的方法以解剖式爲最多。然用鳥瞰式的時候亦有。最好先得概念再加仔細研究。一面做顯微鏡式的工作。不要忘了做飛機式的工作。一面做飛機式的工作亦不要忘了做顯微鏡式的工作。實際上。單有鳥瞰。沒有解剖。不能有圓滿的結果。單有解剖。沒有鳥瞰。亦不能得良好的路徑。二者不可偏廢。

至於參考書目。關於專門的。我想開一總單。不分章節。因爲圖書館少。恐怕分配不均。開一總單。則彼此先後借閱。不致擁擠。下禮拜打算就開出來（名達按先生後因身體不健未及編此參考書目）關於一般的。可以先讀下列各書。沒讀過的非讀不可。讀過的不妨重讀。

(一)中國歷史研究法　梁啓超

(二)史通　劉知幾

(三)通志（總敍及二十二略敍）　鄭樵

(四)文史通義　章學誠

(五)章氏遺書（關於論史之部）　章學誠

第二章　史家的四長

劉子元說史家應有三長．卽史才．史學．史識．章實齋添上一個史德．並爲四長．實齋此種補充．甚是．要想做一個史家．必須具備此四種資格．子元雖標出三種長處．但未加以解釋．如何纔配稱史才史學史識．他不曾講到．實齋所著文史通義．雖有史德一篇．講到史家心術的重要．但亦說得不圓滿．今天所講．就是用劉章二人所說的話．予以新意義．加以新解釋．

子元實齋二人所講．專爲作史的人說法．史學家要想作一部好史．應具備上述三長或四長．同學諸君方在讀書時代．祇是預備學問．說不上著作之林．但我們學歷史．其目的就在想將來有所貢獻．此刻雖不是著作家．但不可不有當著作家的志向．並且著作家的標準亦很難說．卽如太史公用畢生精力作了一部史記．後人不滿意的地方尙多．其餘諸書更不用說了．此刻我們雖不敢自稱著作家．但是著作家的訓練工作則不可少．所以史家四長之說．就不得不細細用一番功夫去研究．看要如何纔能夠達到這種目的．

至於這幾種長處的排列法．各人主張不同．子元以才爲先．學次之．識又次之．實齋又添德於才學識之後．今將次第稍爲變更一下．先史德．次史學．又次史識．最後纔說到史才．

甲　史德

現在講史德．諸君有功夫．可參看文史通義的史德篇．實齋以爲作史的人．心術應該端正．譬如魏書．大衆認爲穢史．就是因魏收心術不端的原故．又如左氏春秋．劉歆批評他「是非不謬於聖人」．就是心術端正的原故．

簡單說起來。實齋所謂史德。乃是對於過去毫不偏私。善惡褒貶。務求公正。歷代史家對於心術端正一層。大部異常重視。這一點。吾人認爲有相當的必要。但尚不足以盡史德的含義。我以爲史家第一件道德。莫過於忠實。如何纔算忠實。卽「對於所敍述的史蹟。純採客觀的態度。不絲毫參以自己意見」便是。例如畫一個人。要絕對像那個人。假使把竈下婢畫成美人。畫雖然美。可惜不是本人的面目。又如做一個地方游記。記的要確是那個地方。假使寫顏子的陋巷。說他陳設美麗。景緻清雅。便成了建築師的計劃。不是實地的事物了。

忠實一語。說起來似易。做起來實難。因爲凡人都不免有他的主觀。這種主觀。蟠踞意識中甚深。不知不覺便發動起來。雖打主意力求忠實。但是心之所趨。筆之所動。很容易把信仰喪失了。完美的史德。眞不容易養成。最常犯的毛病。有下列數種。應當時時注意。極力剷除。

(一)誇大　一個人做一部著作。——無論所作的是傳記。是記事本末。是方志。或是國史。——總有他自己的特別關係。卽如替一個人作特別傳記。必定對於這個人很信仰。時常想要如何纔做得很好。中國人稱說孔子。總想像他是無所不知。無所不曉。所以孔子家語及其他緯書。竟把孔子說成一個神話中的人物了。例如說孔子與顏子在泰山頂上同看吳國城門中的一個人。顏子看得模糊。孔子看得極其清楚。諸如此類。其意思縱使本來不壞。但是絕非事實。祇能作爲一種神話看待。無論說好說壞。都是容易過分。正如子貢所謂「紂之不善。不如是之甚也。」又如地方志。自己是那一省人。因爲要發揮愛鄉心。往往把那一省說得很好。不過過分的誇大。結果常引出些無聊的贊美。實際上毫無價值。再如講中國史。聽見外國人鄙視中國。心裏就老大不願意。總想設法把中國的優點表彰出來。一個比一個說得更好。結果祇養成全國民的不忠實之誇大性。誇大心人人都有。說好說壞各人不同。史家尤其難免。自問沒有最好。萬一有了。應當設法去掉它。

(二)附會　自己有一種思想。或引古人以爲重。或引過去事實以爲重。皆是附會。這種方法。很帶宣傳意味。全不是事實性質。古今史家。皆不能免。例如提倡孝道。把大舜作個榜樣。便附會出完廩浚井等等事實來。想提倡夫婦情愛。便附會出杞梁哭夫的事實。一哭會把城牆哭崩了。愈到近代。附會愈多。關於政治方面。如提倡共和政體。就附會到堯舜禪讓。說他們的「詢于四岳」。就是天下爲公。因說我們古代也有共和政治。民主精神。關於社會方面。如提倡共產制度。就附會周初井田。是以八家爲井。井九百畝。每家百畝。公田百畝。因說我們古代也講土地國有。平均勞逸。這種附會。意思本非不善。可惜手段錯了。即如堯舜禪讓。有沒有這回事。尙是問題。勉強牽合到民主政治上去。結果兩敗俱傷。從事實本身說。失却歷史的忠實性。從宣傳效力說。容易使聽的人誤解。曹丕篡漢時。把那鬼混的禪讓禮行完之後。他對人說「舜禹之事。吾知之矣」。假使靑年學子誤解了堯舜「詢于四岳」以爲就是眞正共和。也學曹丕一樣說「共和之事。吾知之矣」。那可不糟透了嗎。總之我們若信仰一主義。用任何手段去宣傳都可以。但最不可借史事做宣傳工具。非惟無益。而又害之。

(三)武斷　武斷的毛病。人人都知道不應該。可是人人都容易犯。因爲歷史事實散亡很多。無論在古代。在近代。都是一樣。對於一件事的說明。到了材料不夠時。不得不用推想。偶然得到片辭孤證。便很高興。勉強湊合起來。作爲事實。因爲材料困難。所以未加審擇。專憑主觀判斷。隨便了之。其結果就流爲武斷了。固然要作一部歷史絕對不下斷案是不行的——斷案非論斷乃歷史眞相即如堯舜禪讓究竟有沒有這回事固極難定但不能不搜集各方面的意見擇善而從下一個「蓋然」的斷案——但是不要太愛下斷案了有許多人愛下判斷下得太容易最易陷於武斷資料和自己脾胃合的便采用不合的便刪除甚至因爲資料不足從事僞造晚明人犯此毛病最多如王弇州楊升菴等皆是

忠實的史家對於過去事實十之八九應取存疑的態度即現代事實亦大部分應當特別審愼民國十五年來的事實算是很容易知道了但要事事都下斷案我自己就常無把握即如最近湖北的戰事吳佩孚在漢口究竟如何措施爲甚麼失漢陽爲甚麼失武勝關若不謹愼遽下斷案或陷於完全錯誤亦未可知又如同學之間彼此互作傳記要把各人的眞性格描寫出來尚不容易何況古人何況古代事實呢所以歷史事實因爲種種關係絕對確實性很難求得的時候便應採取懷疑態度或將多方面的異同詳略羅列出來從前司馬光作資治通鑑同時就作考異或並列各說或推重一家這是很好的方法

總而言之史家道德應如鑑空衡平是甚麼照出來就是甚麼有多重稱出來就有多重把自己主觀意見剷除淨盡把自己性格養成像鏡子和天平一樣但這些話說來雖易做到眞難我自己會說自己亦辦不到我的著作很希望諸君亦用鑑空衡平的態度來批評

乙　史學

有了道德其次要講的就是史學前人解釋史學太過空洞範圍茫然無處下手子元實齋雖稍微說了一點可惜不大清楚現在依我的意見另下解釋

歷史範圍。極其廣博。凡過去人類。一切活動的記載都是歷史。古人說「一部十七史。何從說起。」十七史已經沒有法子讀通。何況由十七而二十二而二十四呢。何況正史之外。更有浩如煙海的其他書籍呢。一個人想將所有史料都經目一徧。尚且是絕對不可能之事。何況加以研究組織成爲著述呢。無論有多大的天才學問和精力。想要把全史包辦。絕無其事。我年輕時。曾經有此種野心。直到現在。始終沒有成功。此刻祇想能夠在某部的專史。得有相當成績。便躊躇滿志了。所以凡做史學的人。必先有一種覺悟。曰貴專精不貴雜博。

孔子說「君子於其所不知。蓋闕如也。」我們做學問。切勿以爲「一物不知。儒者之恥。」想要無所不知。必定一無所知。眞是一無所知。那纔可恥哟。別的學問如此。史學亦然。我們應該在全部學問中。劃出史學來。又在史學中劃出一部分來。用特別興趣及相當預備。專門去研究它。專門以外的東西。儘可以有許多不知。專門以內的東西。非知到透徹周備不可。所以我們做史學。不妨先擇出一二專門工作。作完後。有餘力再作旁的東西。萬不可以貪多。如想做文學史。便應專心研究。把旁的學問放開。假使又嫌文學史範圍太大。不妨再擇出一部分。如王靜安先生單研究宋元戲曲史之類。做這種工作。不深知詩史詞史。或可以對於本門。則務要盡心研究。力求完備。如此一來。注意力可以集中。訪問師友。既較容易。搜集圖書。亦不困難。纔不至遊騎無歸。白費氣力。有人以爲這樣似太窄狹。容易拋棄旁的學問。其實不然。學問之道。通了一樣。旁的地方就很容易。學問門類雖多。然而方法很少。如何用腦。如何用目。如何用手。如何詢問搜集。養成習慣。可以應用到任何方面。好像攻打炮臺。攻下一個。其餘就應手而下了。

有了專門學問。還要講點普通常識。單有常識。沒有專長。不能深入顯出。單有專長。常識不足。不能觸類旁通。讀書一事。古人所講專精同涉獵兩不可少。有一專長。又有充分常識。最佳。大概一人功力。以十之七八做專精的功夫。選定局部研究練習。搜羅材料。判斷眞僞。決擇取舍。以十之一二做涉獵的功夫。隨便聽講隨便讀書隨意談話。如此做去。極其有益。關於涉獵。沒有甚麼特別法子。關於專精下苦功的方法。約有下面所列三項。

（一）勤於抄錄　顧亭林的日知錄。大家知道是價値很高。有人問他別來幾年日知錄又成若干卷。顧氏答應他說。不過幾條。爲甚麼幾年功夫纔得幾條。因爲陸續抄錄。雜湊而成。先成長編。後改短條。所以功夫大了。某人日記稱見顧氏天下郡國利病書原稿。寫滿了蠅頭小楷。一年年添上去的。可見他抄書之勤。顧氏常說「善讀書不如善抄書。」常常抄了。可以漸進於著作之林。抄書像顧亭林。可以說勤極了。我的鄉先生陳蘭甫先生作東塾讀書記。卽由抄錄譔成。新近有人在香港買得陳氏手稿。都是一張張的小條。裱成册頁。或一條僅寫幾個字。或一條寫得滿滿的。我現在正以重價購求此稿。如能購得。一則可以整理陳氏著作。一則可以看出他讀書的方法。古人平常讀書。看見有用的材料。就抄下來。積之旣久。可以得無數小條。由此小條。輯爲長編。更由長編編爲鉅製。顧亭林的日知錄。錢大昕的十駕齋養新錄。陳蘭甫的東塾讀書記。都係由此作成。一般學問如此。做專門學問。尤其應當如此。近來青年常問我研究某事。甚麼地方找材料。我每逢受此質問。便苦於答不出來。因爲資料雖然很豐富。卻是很散漫。並沒有一部現成書。把我們所要的資料。湊在一處。以供取攜之便。就這一點論。外國青年做學問。像比我們便宜多了。他們想研究某種問題。打開百科辭典。或其他大部頭的參考書。資料便全部羅列目前。我們卻像披沙揀金。揀幾個鐘頭。得不到一粒。但爲實際上養成學問能力起見。到底誰吃虧。誰便宜。還是問題。吃現成飯。吃慣了的人。後來要做很辛苦的工作。便做不來。

了。「誰知盤中餐粒粒皆辛苦」一粒米一顆飯都經過自己的汗血造出來。入口便更覺異常甘美。我們因爲資料未經整理自己要作做篳路藍縷積銖累寸的工作實是給我們以磨練學問能力之絕好機會。我們若厭煩不肯做便錯過機會了。

(二)練習注意　初學讀書的人看見許多書。要想都記得都能作材料。實在很不容易。某先輩云。「不會讀書書面是平的。會讀書字句都浮起來了。」如何纔能使書中字浮凸起來。唯一的方法就是訓練注意。昔人常說。好打燈謎的人無論看甚麼書看見的都是燈謎材料。會作詩詞的人無論打開甚麼書看見的都是文學句子。可見注意那一項。那一項便自然會浮凸出來。這種工作。起初做時是很難。往後就很容易。我自己就能辨得到。無論讀到甚麼書都可以得新注意。究竟怎樣辦到的。我自己亦不知道。大概由於練習。最初的方法。頂好是指定幾個範圍。或者作一篇文章。然後看書時。有關係的就注意。沒有關係的就放過。過些日子。另換範圍。另換題目。把注意力換到新的方面。照這樣做得幾日就做熟了。熟了以後。不必十分用心。隨手翻開。應該注意之點。立刻就浮凸出來。讀一書專取一個注意點。讀第二遍另換一個注意點。這是最粗的方法。其實亦是最好的方法。幾遍之後。就可以同時有幾個注意點。而且毫不吃力。前面所述讀書貴勤於抄錄。如果看不出注意點。埋頭瞎抄。那豈不是白抄了嗎。一定要有所去取。去取之間。煞費功夫。非有特別訓練不可。

(三)逐類搜求　甚麼叫逐類搜求。就是因一種資料追尋一種資料。跟蹤搜索下去。在外國工具方便。辭典充備。求資料尚不太難。中國工具甚少。辭典亦不多。沒有法子。祇好因一件追一件。比如讀孟子。讀到「楊朱墨翟之言盈天下」之語。因有此語。於是去搜尋當時的書。看有甚麼人在甚麼地方說過這類的話。韓非子顯學篇說「世之顯學儒墨也……墨之所至墨翟也……自墨子之死也有相里氏之墨有鄧陵氏之墨……墨離爲三」荀子非十二子篇又說「不知壹天下建國家之權稱上功用大儉約而慢差等曾不足以容辨異縣君臣……是墨翟宋鈃也」孫仲容因得這種資料加以組織作墨學傳授考墨家諸子鉤沉等文作得的確不錯爲甚麼能有那樣著作就是看見一句話跟蹤追去這種工作就叫做逐類搜求或由簡單事實或由某書註解看見出於他書因又追尋他書諸君不要以爲某人鴻博某人特具天才其實無論有多大天才都不能全記不過方法好或由平時記錄或由跟蹤追尋即可以得許多好材料

此外方法尚多我們暫說三門以爲示範的意思工作雖然勞苦興味確是深長要想替國家作好歷史非勞苦工作不可此種工作不單於現在有益腦筋訓練慣了用在甚麼地方都有益誠然中國史比西洋史難作但西洋史或者因爲太容易的原故把治學能力減少了好像常坐車的人兩腿不能走路一樣一種學問往往因爲現存材料很多不費氣力減少學者能力這類事實很多所以我主張要趁年富力强下幾年苦工現在有益將來亦有益讀書有益作事亦有益

丙　史識

史識是講歷史家的觀察力做一個史家須要何種觀察力這種觀察力如何養成觀察要敏銳即所謂「讀書得間」旁人所不能觀察的我可以觀察得出來凡科學上的重大發明都由於善於觀察譬如蘋果落地是一件很普通的事情牛頓善於觀察就發明萬有引力開水壺蓋衝脫是一件很普通的事情瓦特善於觀察就發明蒸汽機關無論對於何事何物都要注意去觀察並且要繼續不斷的做細密功夫去四面觀察在自然科學

求試驗的結果在歷史方面求關聯的事實但凡稍有幫助的資料一點都不可放鬆觀察的程序可以分為兩種

(一)由全部到局部　何謂由全部到局部歷史是整個的統一的眞是理想的歷史要把地球上全體人類的事蹟連合起來這纔算得歷史既是整個的統一的所以各處的歷史不過是此全部組織的一件機械不能了解全部就不能了解局部不能了解世界就不能了解中國這回所講專史就是由全部中劃出一部分來或研究一個人或研究一件事總不外全部中的一部雖然範圍很窄但是不要忘記了他是全部之一比如我們研究戲曲史算是藝術界文學界很小的一部分但是要想對於戲曲史稍有發明那就非有藝術文學的素養不可因為戲曲不是單獨發生單獨存在而是與各方面都有關係假使對於社會狀況的變遷其他文學的風尚尚未了解卽不能批評戲曲而且一方面研究中國戲曲一方面要看外國戲曲看他們各方所走的路或者是相同的或者是各走各的或者是不謀而合或者是互相感應若不這樣做好的戲曲史便做不出來不但戲曲史如此無論研究任何專史都要看他放在中國全部佔何等位置放在人類全部佔何等位置要具得有這種眼光銳敏的觀察纔能自然發生

(二)由局部到全部　何謂由局部到全部歷史不屬於自然界乃社會科學最重要之一其研究法與自然科學研究法不同歷史為人類活動之主體而人類的活動極其自由沒有動物植物那樣呆板我們栽樹樹不能動但是人類可以跑來走去我們養雞雞受支配但是人類可以發生意想不到的行為凡自然的東西都可以用呆板的因果律去支配歷史由人類活動組織而成因果律支配不來有時逆料這個時代這個環

境應該發生某種現象．但是因爲特殊人物的發生．另自開闢一個新局面．凡自然界的現象．總是回頭的．循環的．九月穿夾衣十月換棉袍．我們可以斷定．然而歷史沒有重複的時代．沒有絕對相同的事實．因爲人類自由意志的活動可以發生非常現象．所謂由局部觀察到全部．就是觀察因爲一個人的活動．如何前進．如何退化．可以使社會改觀．一個人一羣人特殊的動作．可以令全局受其影響．發生變化．單用由全部到局部的眼光．祇能看囘頭的現象．循環的現象．不能看出自由意志的動作．對於一個人或一羣人看其動機所在．仔細觀察．估量他對於全局的影響．非用由局部到全部的觀察看不出來．

要養成歷史家觀察能力．兩種方法應當並用．看一件事．把來源去脈都要考察清楚．來源由時勢及環境造成．影響到局部的活動．去脈由一個人或一羣人造成．影響到全局的活動．歷史好像一條長鍊．環環相接．繼續不斷．壞了一環便不能活動了．所以對於事實與事實的關係．要用細密銳敏的眼光去觀察它．

養成正確精密的觀察力．還有兩件應當注意的事情．

(一)不要爲因襲傳統的思想所蔽　在歷史方面．我們對於一個人或一件事的研究和批評．最易爲前人記載或言論所束縛．因爲歷史是囘頭看的．前人所發表的一種意見．有很大的權威．壓迫我們．我並不是說前人的話完全不對．但是我們應當知道．前人如果全對．便用不着我們多費手續了．至少要對前人有所補充．有所修正．纔行．因此．我們對於前人的話．要是太相信了．容易爲所束縛．應當充分估量其價值．對則從之．不對則加以補充．或換一個方面去觀察．遇有修正的必要的時候．無論是怎樣有名的前人所講．亦當加以修正．這件事情已經很不容易．然以現代學風正往求新的路上走．辦到這步尚不很難．

(二)不要爲自己的成見所蔽　這件事情那纔眞不容易戴東原嘗說「不以人蔽己不以己蔽己」以人蔽己。尚易擺脫。自己成見。不願拋棄。往往和事理差得很遠。還不回頭。大凡一個人立了一個假定。用歸納法研究。費很多的工夫。對於已成的工作。異常愛惜。後來再四觀察。雖覺頗有錯誤。亦捨不得取消前說。用心在做學問的人。常感此種痛苦。但忠實的學者。對於此種痛苦。只得忍受。發見自己有錯誤時。便應當一刀兩斷的。卽刻割捨。萬不可迴護從前的工作。或隱藏事實。或修改事實。或假造事實。來遷就他迴護從前的工作。這種毛病愈好學。愈易犯。譬如朱陸兩家關於無極太極之辯。我個人是贊成陸象山的。朱晦翁實在是太有成見了。後來讓陸象山駁得他無話可說。然終不肯拋棄自己主張。陸與朱的信。說他從前文章很流麗。這一次何其支離潦草。皆因迴護前說所致。以朱晦翁的見解學問。尚且如此。可見得不以己蔽己不是一件容易事情了。我十幾年前曾說過。「不惜以今日之我。與昨日之我挑戰。」這固然可以說是我的一種弱點。但是我若認爲做學問不應取此態度。亦不盡然。一個人除非學問完全成熟。然後發表。纔可以沒有修改糾正。但是身後發表。古人所難。爲現代文化盡力起見。尤不應如此。應當隨時有所見到。隨時發表出來。以求社會的批評纔對。眞做學問的人。晚年與早年不同。從前錯的。現在改了。從前沒有。現在有了。一個人要是今我不同昨我宣戰。那祇算不長進。我到七十。還要與六十九挑戰。我到八十。還要與七十九挑戰。這樣說法。似乎太過。最好對於從前過失。或者自覺。或由旁人指出。一點不愛惜。立刻改正。雖把十年的工作完全毀掉。亦所不惜。

上面所說的這兩種精神。無論做甚麼學問。都應當有。尤其是研究歷史。更當充實起來。要把自己的意見與前人的主張。平等的看待。超然的批評。某甲某乙不足。應當補充。某丙某丁錯了。應當修改。眞做學問。貴能如此。不爲因襲傳統所蔽。不爲自己成見所蔽。纔能得到敏妙的觀察。纔能完成卓越的史識。

丁　史才

史才專門講作史的技術。與前面所述三項另外又是一事。完全是技術的。有了史德。忠實的去尋找資料。有了史學。研究起來不大費力。有了史識。觀察極其銳敏。但是仍然做不出精美的歷史來。要做出的歷史讓人看了明瞭。讀了感動。非有特別技術不可。此種技術。就是文章的構造。章實齋作文史通義。把文同史一塊講。論純文學。章氏不成功。論美術文。章氏亦不成功。但是對於作史的技術。了解精透。運用圓熟。這又是章氏的特長了。

史才專講史家的文章技術。可以分爲二部。

子　組織

先講組織。就是全部書或一篇文的結構。此事看時容易。做時困難。許多事實擺在面前。能文章的人可以拉得攏來。做成很好的史。文章技術差一點的人。就難組織得好。沒有在文章上用過苦功的人。常時感覺困難。

組織是把許多材料整理包括起來。又分二事。

（一）剪裁　許多事實。不經剪裁。史料始終是史料。不能成爲歷史。譬如一包羊毛。不能變成呢絨。必有所去。必有所取。梳櫛抉剔。始成織物。搜集的工作已經不容易。去取的工作又更難了。司馬光未作資治通鑑之前。先作長編。據說。他的底稿堆滿十九間屋。要是把十九間屋的底稿全體印出來。一定沒有人看。如何由十九間屋的底稿做成長編。又由長編做成現在的資治通鑑。這裏面剪裁就很多了。普通有一種毛病。就是多多的搜集資料。不肯割愛。但欲有好的著作。却非割愛不可。我們要去其渣滓。留其菁華。這件事體非常注意不可。至於如何剪裁的方法。不外多作。用不着詳細解釋。孰渣孰菁。何去何留。常常去作。可以體驗得出來。

(二)排列　中看不中看。完全在排列的好壞。譬如天地玄黃四個字。王羲之是這樣寫。小孩子亦是這樣寫。但是王羲之寫得好。小孩子寫得壞。就是因爲排列的關係。凡講藝術。排列的關係却很大。一幅畫山水佈置得宜。就很好看。一間屋器具陳設得宜。亦很好看。先後詳略。法門很多。這種地方。要特別注意。不然。雖有好材料。不能惹人注目。就有人看。或者看錯了。或者看得昏昏欲睡。縱會搜集。也是枉然。至於如何排列的方法。一部分靠學力。一部靠天才。良工能敎人以規矩。不能使人巧。現在姑講幾種通用的方法。以爲示例。

(1)即將前人記載聯絡鎔鑄。套入自己的話裏。章實齋說「文人之文。惟患其不己出。史家之文。惟患其己出」。史家所記載。總不能不憑藉前人的話。史記本諸世本戰國策楚漢春秋。漢書本諸史記。何嘗有一語自造。卻又何嘗有一篇非自造。有天才的人。最能把別人的話。鎔鑄成自己的話。如李光弼入郭子儀軍。隊伍如故。而旌旗變色。此爲最上乘之作。近代史家。尤其是乾嘉中葉以後。作史者專講究「無一字無來歷」。阮芸臺作國史儒林傳。全是集前人成語。從頭至尾。無一字出自杜撰。阮氏認爲是最謹嚴的方法。他的廣東通志。浙江通志。謝啓昆的廣西通志。都是用的此法。一個字。一句話。都有根據。這種辦法。我們大家是贊成的。因爲有上手可追問。但亦有短處。在太呆板。——因爲有許多事情。未經前人寫在紙上。雖確知其實。亦無法採錄。而且古人行爲的臧否與批評。事實的連絡與補充。皆感困難。——吾人可師其意。但不必如此謹嚴。大體固須有所根據。但亦未嘗不可參入一己發見的史實。而且引用古書時。儘可依做文的順序。任意連串。做成活潑飛動的文章。另外更用小字另行注明出處。或說明其所以然。就好了。此法雖然好。但亦是很難。我尚未用。因爲我懶在文章上作功夫。將來打算這樣作一篇以爲模範。把頭緒脈絡理清。將前人的話藏在其中。要看不出縫隙來。希望同學亦如此作去。

(2)用綱目體。最爲省事。此種體裁。以錢文子的補漢書兵志爲最先。(在知不足齋叢書內。)頂格一語是正文。是斷案。不過四五百字。下加注語。爲自己所根據的史料。較正文爲多。此種方法。近代很通行。如王靜安先生的胡服考兩漢博士考皆是如此。我去年所作的中國文化史亦是如此。此法很容易。很自由。提綱處寫斷案。低一格作註解。在文章上不必多下功夫。實爲簡單省事的方法。做得好。可以把自己研究的結果。暢所欲言。比前法方便多了。雖文章之美。不如前法。而伸縮自如。改動較易。又爲前法所不及。

(3)多想方法。把正文變爲圖表。對於作圖表的技術。要格外訓練。太史公作史記。常用表。「旁行斜上。本于周譜」。然仍可謂爲太史公所發明。三代世表十二諸侯年表六國表秦楚之際月表功臣侯者表百官公卿表。格式各各不同。因有此體。遂開許多法門。若無此體。就不能網羅這樣許多複雜的材料同事實。歐美人對於此道。尤具特長。有許多很好很有用的表。我們可以仿造。但造表可眞是不容易。異樣的材料。便須異樣的圖表。纔能安插。我去年嘗作先秦學術年表一篇。屢次易稿。費十餘日之精力。始得完成。耗時用力。可謂甚大。然因此範繁賾的史事爲整飭。化亂蕪的文章爲簡潔。且使讀者一目瞭然。爲功亦殊不小。所以這種造表的技術。應該特別訓練。

丑　文采

次講文采。就是寫人寫事所用的字句詞章。同是記一個人。敘一件事。文采好的。寫得栩栩欲活。文采不好的。寫得呆雞木立．這不在對象的難易．而在作者的優劣．沒有文章素養的人．實在把事情寫不好．寫不活．要想寫活寫好．祇有常常模倣．常常練習．

文采的要素很多．專擇最要的兩件說說．

(一)簡潔　簡潔就是講翦裁的功夫．前面已經講了．大凡文章以說話少．含意多．爲最妙．文章的厚薄．卽由此分．意思少．文章長．爲薄．篇無剩句．句無剩字．爲厚．比如飲龍井茶．茶少水多．爲薄．葉水相稱．爲厚．不爲文章之美．多言無害．若爲文章之美．不要多說．祇要能把意思表明．就得．做過一篇文章之後．要看可删的有多少．該删的便删去．我不主張文章作得古奧．總要詞達．所謂「詞達而已矣」．達之外．不再加多．不再求深．我生平說話不行．而文章技術．比說話強得多．我所要求的．是章無剩句．句無剩字．這件事很重要．至於如何纔能做到．祇有常作．

(二)飛動　爲甚麼要作文章．爲的是作給人看．尤其是歷史的文章．爲的是作給人看．若不能感動人．其價値就減少了．作文章一面要謹嚴．一面要加電力．好像電影一樣．活動自然．如果電力不足．那就死在布上了．事本飛動．而文章呆板．人將不願看．就看．亦昏昏欲睡．事本呆板．而文章生動．便字字都活躍紙上．使看的人要哭便哭．要笑便笑．如像唱戲的人．唱到深刻時．可以使人感動．假使想開玩笑．而扳起面孔．便覺得毫無趣味了．不能使人感動．算不得好文章．旁的文章．如自然科學之類．尚可不必注意到這點．歷史家．如無此種技術．那就不行了．司馬光作資治通鑑．畢沅作續資治通鑑．同是一般體裁．前者看去．百讀不厭．後者讀一二次．就不願再讀了．光書筆最飛動．如赤壁之戰．淝水之戰．劉裕在京口起事．平姚秦．北齊北周沙苑之戰．魏孝文帝遷都洛陽事實不過爾爾。而看去令人感動。此種技術。非練習不可。

如何可以養成史才。前人說多讀多作多改。今易一字爲「多讀少作多改」多讀。讀前人文章。看他如何作法。遇有好的資料。可以自己試作與他比較。精妙處不妨高聲朗誦。讀文章有時非搖頭擺尾領悟不來。少作。作時謹慎。眞是用心去作。有一篇算一篇。無須多貪。作筆記則不厭其多。天天作都好。作文章時。幾個月作一次亦不算少。要謹慎。要鄭重。要多改。要翻來覆去的看。從組織起到文采止。有不滿意處。就改。或翦裁。或補充。同一種資料。須用種種方法去作。每作一篇之後。擺在面前細看。常看旁人的。常改自己的。一篇文不妨改多少回。十年之後。還可再改。這種工夫很笨。然天下至巧之事。一定從至笨來。古人文章做得好。也曾經過幾許甘苦。比如梅蘭芳唱戲唱得好。他不是幾天之內成功的。從前有許多笨工作。現在仍繼續不斷的有許多笨工作。凡事都是如此。

第三章　五種專史概論

五種專史。前文已經提到過。第一。人的專史。第二。事的專史。第三。文物的專史。第四。地方的專史。第五。時代的專史。本章既然叫着概論。不過提綱挈領的說一個大概。其詳細情形。留到分論再講。

甲　人的專史

自從太史公作史記。以本紀列傳爲主要部分。差不多佔全書十分之七。而本紀列傳又以人爲主。以後二千餘年。歷代所謂正史。皆踵其例。老實講起來。正史就是以人爲主的歷史。

專以人爲主的歷史。用最新的史學眼光去觀察他。自然缺點甚多。幾乎變成專門表彰一個人的工具。許多人以爲中國史的最大缺點。就在此處。這句話。我們可以相當的承認。因爲偏於個人的歷史。精神多注重彰善懲惡。差不多變成爲修身教科書。失了歷史性質了。但是近人以爲人的歷史毫無益處。那又未免太過。歷史與旁的科學不同。是專門記載人類的活動的。一個人或一羣人的偉大活動可以使歷史起很大變化。若把幾千年來中外歷史上活動力最強的人抽去。歷史倒底還是這樣與否。恐怕生問題了。譬如歐洲大戰。若無威廉第二。威爾遜。路易喬治。克里孟梭幾個人。歷史當然會另變一個樣子。歐洲大戰或者打不成。就打成也不是那樣結果。又如近三十年來的中國。歷史若把西太后袁世凱孫文吳佩孚……等人——甚至於連我梁啓超——沒有了去。或把這幾個人抽出來。現代的中國是個甚麼樣子。誰也不能預料。但無論如何。和現在的狀況一定不同。這就可見個人與歷史的關係。和人的歷史不可輕視了。

一個人的性格興趣及其作事的步驟。皆與全部歷史有關。太史公作史記。最看重這點。後來的正史。立傳猥雜而繁多。幾成爲家譜墓誌銘的叢編。所以受人詬病。其實史記並不如此。史記每一篇列傳。必代表某一方面的重要人物。如孔子世家孟荀列傳仲尼弟子列傳代表學術思想界最要的人物。蘇秦張儀列傳代表造成戰國局面的遊說之士。田單樂毅列傳代表有名將帥。四公子平原孟嘗信陵春申列傳代表那時新貴族的勢力。貨殖列傳代表當時經濟變化。遊俠列傳刺客列傳代表當時社會上一種特殊風尙。每篇都有深意。大都從全社會着眼。用人物來做一種現象的反影。並不是專替一個人作起居注。

在現代歐美史學界。歷史與傳記分科。所有好的歷史。都是把人的動作藏在事裏頭。書中爲一人作專傳的很少。但是傳記體仍不失爲歷史中很重要的部分。一人的專傳。如林肯傳。格蘭斯頓傳。文章都很美麗。讀起來異常動人。多人的列傳。如布達魯奇的英雄傳。專門記載希臘的偉人豪傑。在歐洲史上有不朽的價值。所以傳記體以人爲主。不特中國很重視。各國亦不看輕。因此。我們作專史。盡可以個人爲對象。考察某一個人在歷史上有何等關係。凡眞能創造歷史的人。就要仔細硏究他。替他作很詳盡的傳。而且不但要留心他的大事。卽小事亦當注意。大事看環境。社會。風俗。時代。小事看性格。家世。地方。嗜好。平常的言語行動。乃至小端末節。概不放鬆。最要緊的是看歷史人物爲甚麼有那種力量。

每一時代中須尋出代表的人物。把種種有關的事變都歸納到他身上。一方面看時勢及環境如何影響到他的行爲。一方面看他的行爲又如何使時勢及環境變化。在政治上有大影響的人如此。在學術界開新發明的人亦然。先於各種學術中求出代表的人物。然後以人爲中心。把這個學問的過去未來及當時工作都歸納到本人身上。這種作法。有兩種好處。第一。可以拿着歷史主眼。歷史不外若干偉大人物集合而成。以人作標準。可以把所有的要點看得清清楚楚。第二。可以培養自己的人格。知道過去能造歷史的人物素養如何。可以隨他學去。使志氣日益提高。所謂『奮乎百世之上。百世之下。聞者莫不興起也。』

乙　事的專史

歷史的事實。若泛泛看去。覺得很散漫。一件件的擺着。沒有甚麼關係。但眼光銳敏的歷史家。把歷史過去的事實看成爲史蹟的集團。彼此便互相聯絡了。好像天上的星辰。我們看去是分散的。天文家看去可以分出十二宮。無論何種事物。必把破碎的當作集團。纔有着眼的地方。研究歷史。必把一件件的史蹟看爲集團。纔有下手的地方。把史蹟看作集團研究。就是記事本末體。現代歐美史家。大體工作。全都在此。記事本末體是歷史的正宗方法。不過中國從前的記事本末。從袁樞起直到現在。我都嫌他們對於集團的分合未能十分圓滿。卽如通鑑記事本末把資治通鑑所有事實由編年體改爲記事本末體。中間就有些地方分得太瑣碎。有些地方不免遺漏。也因爲資治通鑑本身偏於中央政治。地方政治異常簡略。政治以外的事實更不用提。所以過去的記事本末體。其共同的毛病。就是範圍太窄。我們所希望的記事本末體要從新把每朝種種事實作爲集團搜集資料。研究淸楚。大集團固然要研究。再分小點。亦可以研究。凡集團事蹟於一時代有重大影響的須特別加以注意。

比如晚明時代的東林復社。他們的舉動。可以作爲一個集團來研究。把明朝許多事實都歸納到裏邊。一方面可以看類似政治團體的活動。以學術團體兼爲政治團體實由東林起至復社而色彩愈顯。這是中國史上一大事實很値得研究。研究東林復社始末方面很多。本來是學術機關爲甚麼又有團體的政治運動。一方面可以看出學術的淵源及學風的趨勢。另一方面可以看在野的智識階級的主張。每逢政治腐敗的時候。許多在野學者本打算閉戶讀書。然而時勢所迫。又不能不出頭說話。這種情形。全由政治醞釀而成。非全部異常明瞭。一部很難了解。至於復社。本來是一個團體的別名。同時的其他團體尙多。不過以復社爲領袖成爲一個聯合會社的性質。我們研究創社人的姓名。及各社員的籍貫。或作小傳。或作統計。可以看出復社的勢力在於何部。明亡以後。復社的活動於當時政治有何影響。滿洲入關。復社人物採取若何態度。從這些地方着手。明末淸初的情形可以瞭如指掌了。

又如清世宗（雍正）的篡位前後情形。可以作爲一個集團來研究。把那時候許多事實都歸納到裏邊。這件事情比較復社始末材料難找得多。因事涉宮闈。外人很難知道。但是這件事情關係很大。是清史主要的部分。假使沒有雍正。就不會有乾隆。道咸光宣更不用說了。內容眞相若何。牽涉的方面很多。有關於外國的。如喇嘛教與天主教爭權。因爲世宗成了功。後來喇嘛教得勢。天主教衰落。有關於學術的。如西洋科學之輸入。因天主教被排斥。亦連帶的大受影響。幾乎中絕。有關於藩屬的。如清代之羈縻蒙古西藏。亦以喇嘛教爲媒介。卽經營青海。還是要借重他。這種事情。蒙古西藏文中稍微有點資料。可以明瞭一部份。中國文字資料就很少。卽如年羹堯的事蹟。當然和清史很有關係。我們看東華錄及雍正上諭的紀載。極其含糊。得不着一個明瞭的概念。若把所有資料完全搜出。可以牽連清朝全部歷史的關係。所以研究歷史的人。應當挑出一極大之事作爲集團。把旁的事實都歸納到裏面。再看他們的關係影響。研究一個集團。就專心把這個集團弄明白了。能得若干人分頭作去。把所有事的集團都弄清楚。那末全部歷史的主要脈絡。就可一目瞭然了。

丙　文物的專史

最古的文物史。要算史記的八書。史記於本紀列傳之外。另作禮樂律曆天官封禪河渠平準等書。後來班固作漢書。改稱爲志。不以人爲主。而以某制度或某事物爲主。凡所敍述。皆當代的文物典章。自太史公創此例後。後代歷史。除小者外。如二十四史。皆同此例。而杜佑所作通典。純以制度爲主。上起三代。下至隋唐。一一加以考核。馬端臨仿其體裁作文獻通考。範圍更大。義蘊更博。通典所述。限於一代朝制。通考所述。則於朝制之外。兼及社會狀況。此種著作。中國從前頗爲發達。就是我們所說的文物的歷史。通典通考。可謂各種制度的總史。不是各種制度的專史。在杜佑馬端臨那個時候。有通典通考一類著作。便已滿足了。此刻學問分科。日趨精密。我們却要分別部居。一門一門的作去。一個人要作經濟史。同時又要作學術史。目錄學一定做不出有價值的著述來。要作經濟史。頂好就專門研究經濟。要作學術史。頂好就專門研究學術。要治目錄學。頂好就研究藝文志經籍志等。不惟分大類而已。還要分小類。即如研究經濟史。可以看歷代食貨志。食貨中包含財政及經濟兩大部分。財政經濟又各有若干的細目。我們不妨各摘其一項。分擔研究。愈分得細愈好。既分擔這一項。便須上下千古。貫徹融通。例如專研究食貨中的財政的。在財政中又專研究租稅。在租稅中又專研究關稅。那末中國外國及關於關稅的資料都要把他搜集起來。看關稅如何起源。如何變遷。如何發展。關稅不平等的原因事實影響如何。乃至現在的關稅會議如何召集。如何進行。關稅自主的要求如何運動。一一記載解釋明白。這種的工作。比泛泛然作通典通考要切實得多。有意思得多。有價值得多。因爲整部的文物。很籠統。很含混。無從下手。亦不容易研究明白。所以我主張一部分一部分的研究。先分一個大綱。如經濟文藝學術民族宗教……等一二十條。再於每條之下。分爲若干類。如經濟之分爲財政租稅。文藝之分爲文學美術。學術之分爲經史。民族之分爲原始遷徙同化。宗教之分爲道佛等。擇其最熟悉最相近者。一個時候作一類。或者一個人作一類。久而久之。集少成多。全部文物不難完全暢曉了。

丁　地方的專史

地方的專史。就是方志的變相。最古的方志。要算華陽國志了。以後方志愈演愈多。省有省志。縣有縣志。近代大史家章實齋把方志看得極重。他的著作。研究正史的與研究方志的各得其半。方志從前人不認爲史。自經章氏提倡後，地位纔逐漸增高。治中國史分地研究，極其重要。因爲版圖太大，各地的發展，前後相差懸殊，前人作史，專以中央政府爲中心，祇有幾個分裂時代，以各國政府所在地爲中心，但中心地亦不過幾個，——三國有三個，十六國有十六個，——究未能平均分配。研究中國史，實際上不應如此。普通所謂某個時代到某個程度，乃指都會言之，全國十之七八全不是那樣一回事。我們試看分述研究的必要，比如一向稱爲本部十八省的雲南，在三國以前，與中國完全無關。自諸葛渡瀘以後，這纔發生交涉。然而雲南向來的發展，仍不與全部歷史的發展相同。唐時的南詔，宋時的大理，都是半獨立的國家。清初吳三桂據雲南，亦取半獨立的態度。三藩之亂既平，設置巡撫，始與本部關係較密。然民國十五年來，雲南直接受中央轄制者不過二三年，其餘諸年仍然各自爲政。自古及今，雲南自身如何發展，中原發達的時候，雲南又受何等影響，有何種變化，這都是應當劃分出來單獨研究的事情。又如廣東，是次偏的省分，其文化的發達，亦不與中原同。自明以前，廣東的人物及事實，不能影響到中原的歷史，亦於中原的歷史上沒有相當的地位。再如安南朝鮮，現在不屬中國，然與中國歷史關係很深。安南作中國郡縣較廣東爲早，在黎氏莫氏獨立尚未終了時，歐人東來，遂被割去。若雲南當南詔大理或吳三桂獨立未終時，外人適來，恐亦將被割去啊。所以我們對於安南朝鮮這一類地方，也應當特別研究。不能因爲現在已經失掉，而置之不理。上面所說的還是邊遠省分，說近一點，如中原幾省，最初居住的是什麼人，河南山東如何變成爲中華民族的中心，後經匈奴東胡民族的蹂躪，又起了多大變化，這些都是應當特別研究的事情。如欲徹底的了解全國，非一地一地分開來研究不可。普通說中國如何如何，不過政治中心的狀況，不是全國一致的狀況。所以有作分地的專史之必要。廣博點分，可以分爲幾大區，每區之中看他發達的次第。

精細點分，可以分省分縣分都市，每縣每市，看他進展的情形，破下工夫，仔細研究，各人把鄉土的歷史風俗事故人情考察明白，用力甚小而成效極大。

戊　斷代的專史

在整部歷史中，可以劃分爲若干時代，如兩漢六朝隋唐宋元明清，每一個時代中可以又劃分爲若干部分，如人的事的文物的地方的，含着若干部分，成爲一個時代；含著若干時代，成爲一部總史。總史橫集前述四種材料，縱集上下幾千年的時間，因爲總史不易研究，纔分爲若干時代，時代的專史就是從前所謂斷代爲史。起自班固，後世因之，少所更改，不過舊時的斷代，以一姓興亡作標準，殊不合宜。歷史含繼續性，本不可分，爲研究便利起見，挑出幾樣重大的變遷，作爲根據，勉強分期，尚還可以。若不根據重大變遷，而根據一姓興亡，那便毫無意義了。皇帝儘管常換，而社會變遷甚微，雖屬幾代，仍當合爲一個時期；皇帝儘管不換，而社會變遷極烈，雖屬一代，仍當分爲幾個時期。比如南北朝，總共不過百六十七年，而南朝有宋齊梁陳四代，北朝有北魏北齊北周三代，若以一姓興亡分，應當分爲四個或三個時期了。然此百六十七年間，社會上實無多大變化，所以我們仍當作爲一個時期研究。其次述五代，五代不過五十二年，有梁唐晉漢周五個朝代，若以一姓興亡分，應當分爲五個時期。然此五十二年間，社會上亦沒有多大變化，所以我們應當作爲一個時期研究。上面是說皇帝換姓而社會不變的，雖然是分，應當合攏來研究。又有皇帝姓氏不換，而社會變遷劇烈的，雖然是合，應當分開來研究。比如有清一代，道咸而後，思想學術政治外交經濟生活，無一不變，不特是清代歷史的大變遷，並且是全部歷史的大變遷，我們儘可以把道咸以前劃分爲一個時期，道咸以後另劃爲一個時期，不必拘於成例，以一姓興亡作爲標準。籠統含糊下去。果爾。一定有許多不便利的地方。歷史是不可分的。分期是勉强的。一方面不當太呆板。以一姓興亡作根據。像從前一樣。換一方面。又不當太籠統。粗枝大葉的分上古中古近世三個時期。比較妥當一點的。還是劃春秋爲一個時期。戰國爲一個時期。兩漢爲一個時期（或分或合均可）三國兩晉南北朝爲一個時期。隋唐爲一個時期。宋遼金元明爲一個時期。淸分爲兩個時期。這種分法。全以社會變遷作標準。在一個時期當中。可以看出思想學術政治經濟改換的大勢。比較容易下手。材料亦易搜集。不管時期的長短。橫的方面。各種事實。要把它弄淸楚。時代的專史。爲全通史的模型。專史做得好。通史就做得好。此種專史亦可分每人擔任一項。分別做去。

以上講五種專史的概說。以下就要講五種專史如何做法。按照現在這個次序。一種一種的講去。同學中有興趣的。或者有志作史家的。於五種之中。認定一項。自己搜集。自己研究。自己著述。試試看。果能聚得三五十個同志。埋頭用功。祇須十年功夫。可以把一部頂好的中國全史做出來。人數多。固然好。若不然。能得一半的同志。甚至於十個同志。亦可以把整部歷史完全做出。我擔任這門功課。就有這種野心。但是能否成功。那就看大家的努力如何了。

分論一　人的專史

第一章　人的專史總說

人的專史，是專以人物作本位所編的專史，大概可分爲五種形式。

（一）列傳

（二）年譜

（三）專傳

（四）合傳

（五）人表

（一）列傳　列傳這個名稱，係由正史中採用下來。凡是一部正史，將每時代著名人物羅列許多人，每人給他作一篇傳，所以叫做列傳。列傳的主要目的，雖在記敍本人一生的事蹟，但是國家大事，政治狀況，社會情形，學術思想，大部分都包括在裏邊。列傳與專傳不同之點，專傳以一部書記載一個人的事蹟，列傳以一部書記載許多人的事蹟。專傳一篇，卽是全書，列傳一篇，不過全書中很小的一部分。列傳的體裁與名稱，是沿用太史公以來成例，在舊史中極普通，極發達。列傳著法，具詳二十四史，各種體裁，應有盡有。至於其中有些特別技術的應用，下文再講。

(二)年譜　這種著作。比較的起得很晚。大致在唐代末年始見發達。現在傳下來的年譜。以韓愈柳宗元二人的年譜爲最古。年譜與列傳不同之點。列傳敍述一生事蹟。可以不依發生的前後。但順着行文之便。或著者注重之點。提上按下。排列自由。年譜敍述一生事蹟。完全依照發生前後。一年一年的寫下去。不可有絲毫的改動。章實齋說「年譜者。一人之史也。」年譜所述不外一個人歷史的經過。這種體裁。其好處在將生平行事。首尾畢見。鉅細無遺。比如一個政治家的年譜。記載他小時如何。壯年如何。環境如何。功業如何。按年先後。據事直書。一個學者的年譜。記載某年讀甚麼書。某年作甚麼文。某年從甚麼師。某年交甚麼友。思想變遷。全可考見。一個發明家的年譜。記載他們如何研究。如何改良。如何萌芽。如何成熟。事功原委。一目了然。無論記載事業的成功。思想的改變。器物的發明。都要用年譜體裁。纔能詳細明白。所以年譜在人的專史中。位置極爲重要。

(三)專傳　專傳亦可以叫做專篇。這個名詞是我杜撰的。尚嫌他不大妥當。因爲沒有好名詞。不妨暫時應用。我所謂專傳與列傳不同。列傳分列在一部史中。專傳獨立成爲專書。隋書經籍志雜傳一門。著錄二百餘部。其中屬於一人的專傳。如曹參傳一卷。東方朔傳八卷。毋丘儉記三卷之類。亦不下十餘種。可惜都不傳了。現在留傳下來的。要算慧立所著慈恩三藏法師傳(即玄奘傳)爲最古。全書有十卷之多。不過我所謂專傳。與從前的專傳。尙微有不同。隋志諸傳已經亡失。其體裁如何。今難確指。專就現存的三藏傳而論。雖然很詳博。但仍祇能認爲粗製品的史料。不能認爲組織完善的專書。大概從前的專傳。不過一篇長的行狀。——近人著行狀。長至一二萬字的。往往有之。——只能供作列傳的取材。不能算理想的專傳。我的理想專傳。是以一個偉大人物對於時代有特殊關係者爲中心。將周圍關係事實歸納其中。橫的豎的。網羅無遺。比如替一個大文學家作專傳。可以把當時及前後的文學潮流分別說明。此種專傳。其對象雖止一人。而目的不在一人。擇出一時代的代表人物。或一種學問一種藝術的代表人物。爲行文方便起見。用作中心。此種專傳。從前很少。新近有這種專傳出現。大致是受外國傳記的影響。可惜有精采的作品還不多。列傳在歷史中雖不能說全以人物爲主。但有關係的事實很難全納在列傳中。即如做諸葛亮專傳與做諸葛亮列傳便不同。做列傳就得把與旁人有關係的事實分割在旁人的傳中講。所以魯肅傳劉表傳劉璋傳曹操傳張飛傳都有諸葛亮的事。不能把所有關係的事都放在諸葛亮列傳中。若做專傳。那是完全另是一回事。凡有直接關係的。都以諸葛亮爲中心。全數搜集齊來。甚至有間接關係的。如曹操劉備呂布的行爲舉止。都要講淸楚。然後諸葛亮的一生。纔能完全明白。做專傳又與做年譜不同。年譜很呆板。一人的事蹟。全以發生的先後爲敍。不能提前抑後。許多批評的議論。亦難插入。一件事直接或間接的關係。更不能盡量納在年譜中。若做專傳。不必依年代的先後。可全以輕重爲標準。改換異常自由。內容所包。亦比年譜豐富。無論直接間接。無論議論敍事。都可網羅無剩。我們可以說。人的專史。以專傳爲最重要。

(四)合傳　合傳這種體裁。創自太史公。太史公的合傳。共有三種。

(1)兩人以上。平等敍列。如管晏列傳屈賈列傳。無所謂輕重。亦無所謂主從。

(2)一人爲主。旁人附錄。如孟荀列傳。標題爲孟子荀卿。而內容所講的有三騶子田駢愼到環淵接子墨子淳于髡公孫龍劇子李悝尸子長盧吁子等一二十人。各人詳略不同。此種專以一二人較偉大的人物爲主。此外都是附錄。

(3)許多人平列。無主無從。如仲尼弟子列傳。七十餘人。差不多都有敍述。如儒林列傳。西漢傳經的人。亦差不多都有敍述。

在史記中。合傳的體裁。有上列三種。後代的正史。合傳體裁。更爲複雜。如漢書楚元王傳有兩卷之多。楚元王交的傳何以會有那樣長。因爲劉向劉歆都是楚元王幾代的子孫。本身的事情雖少。劉向劉歆的事情就很多。這種體裁。後來南北史運用得極廣。因爲南北朝最講門第。即如江右王謝。歷朝皆握政權。皇帝儘管掉換而世家緜延不絕。諸王諸謝。父子祖孫。合爲一傳。變成家譜的性質。一家一族的歷史可以由其中看出。此種合傳的方法爲著歷史的開了許多方便。許多人附見在一個人傳中。因一個重要的而其餘次要的都可記載下去。如孟荀列傳若不載許多人。那我們頂多只知道孟荀。至於鄒衍的終始五德之說。我們就不曉得了。合傳體裁的長處。就是能够包括許多够不上作專傳而有相當的貢獻。可以附見於合傳中的人。其作用不單爲人。而且可以看當時狀況。如孟荀列傳就可以看出戰國時學術思想的複雜情形。此種體裁。章實齋最恭維。可合的人就把他們合在一起。章氏並主張另用一種「人名別錄」。他所著湖北通志屢用此法。敍某一件重要事情。把有關係的人通作一個別錄。比如嘉定守城傳。把守城時何人任何職分。陣亡的多少。立功的多少。通統列在別錄上。這種可爲合傳體運用得最廣最大的一個例子。又如復社名士傳。先講復社的來源。次講如何始入湖北。又次調查湖北人列名復社者多少。以縣分之。最後又考明亡以後。殉難者多少。當遺老者多少。出仕淸朝者多少。這種亦可爲合傳體運用得最廣最大的一個例子。人物專史。應當常用這種體裁。

（五）人表　人表的體裁始創於漢書古今人表他把古今人物分爲九等即上上上中上下中上中中中下下上下中下下所分的人並不是漢人乃漢以前的人與全書體例不合這九等的分法無甚標準好像學校中考試的成績表一樣無聊後來史家非難的很多章實齋則特別的恭維以爲篇幅極少而應具應見的人皆可詳列無遺我們看來單研究漢朝的事蹟此表固無用處但若援引其例作爲種種人表就方便得多後來唐書方鎭表宰相世系表其做法亦很無聊攻擊的人亦極多一般讀唐書的人看表看得頭痛但是某人某事旁的地方看不見的可在方鎭世系表中查出我們認爲是很大的寶貝章實齋主張擴充漢書古今人表唐書宰相世系表的用意作爲種種表凡人名够不上見於列傳的可用表的形式列出「人名別錄」亦即可爲其中的一種章氏所著幾部志書人表的運用都很廣所以人的專史人表一體亦很重要即如講復社始末材料雖多用表的方法還少有人做過若有復社人名表則於歷史研究上方便了許多又如講晚明流寇材料亦不少若有一張流寇人名表把所有流寇姓名擾亂所及的地方被剿滅的次第……等等全用表格列出豈不大省事而極明白嗎又如將各史儒林傳改成儒林人名表或以所治之經分列或以傳授系統分列便可以用較少的篇幅記載較多之事實又如唐代藩鎭之分合與亡紛亂複雜讀史雖極勤苦瞭解不易若製成簡明的人表便一目了然諸如此類應用可以甚廣

第二章　人的專史的對相

所謂人的專史的對相就是講那類的人我們應該爲他作專史當然人物要偉大作起來纔有精采所以偉大

人物是作專史的主要對相。但所謂偉大者。不單指人格的偉大。連關係的偉大也包在裏頭。例如袁世凱西太后人格雖無可取。但不能不算是有做專史價值的一個人物。有許多偉大人物可以做某個時代的政治中心。有許多偉大人物可以作某種學問的思想中心。這類人最宜於做大規模的專傳或年譜。把那個時代或那種學術都歸納到他們身上來講。五種人的專史中人表的對相不成問題可以隨便點其餘四種。都最重要大概說來。應該作專傳或補作列傳的人物約有七種。

(一)思想及行爲的關係方面很多。可以作時代或學問中心的。我們應該爲他們作專傳。有些人。偉大儘管偉大。不過關係方面太少。不能作時代或學問的中心。若替他作專傳就很難作好。譬如文學家的李白杜甫都很偉大。把杜甫作中心。將唐玄宗肅宗時代的事實歸納到他身上這樣的傳。可以作得精采。若把李白作爲中心。要作幾萬字的長傳。要包涵許多事實。就很困難。論作品是一回事。論影響又是一回事。杜詩時代關係多。李詩時代關係少。敍述天寶亂離的情形。在杜傳中是正當的背景。在李傳中則成爲多餘的廢話。兩人在詩界。地位相等。而影響大小不同。杜詩有途徑可循。後來學杜的人多由學杜而分出來的派別亦多。李詩不可捉摸。學李的人少。由學李而分出來的派別更少。所以李白的影響淺。杜甫的影響深。二人同爲偉大。而作傳方法不同。爲李白作列傳。已經不易。爲李白作年譜或專傳。更不可能。反之。爲杜甫作年譜。作專傳。材料比較豐富多了。所以作專傳一面要找偉大人物。一面在偉大人物中。還要看他的性質關係如何。來決定我們做傳的方法。

(二)一件事情或一生性格有奇特處。可以影響當時與後來。或影響不大而值得表彰的。我們應該爲他們作專傳。譬如史記有魯仲連傳。不過因爲魯仲連曾解邯鄲之圍。誠然。以當時時局而論。魯仲連義不帝秦。解圍救趙。不爲無關。但是還沒有多大重要。太史公所以爲他作傳。放在將相文士之間。完全因他的性格俊拔。獨往獨來。談笑卻秦軍。功成不受賞。像這樣特別的性格。特別的行爲。很可以令人佩服感動。又如後漢書有臧洪傳。不過因爲他能爲故友死義。洪與張超。但屬戚友。初非君臣。張超爲曹操所滅。洪怨袁紹坐視不救。擁兵抗紹。爲紹所殺。袁紹張超臧洪在歷史上俱無重大關係。不過臧洪感恩知己。以身殉難。那種慷慨凜冽的性格。確是有可以令人佩服的地方。再如漢書楊王孫傳。不記楊王孫旁的事情。專記他臨死的時候。主張裸葬。衣衾棺槨一概不要。還說了許多理由。後來他的兒子覺得父命難從。卻拗不過親友的督責。只得勉强遵辦。他的思想雖沒有墨子那樣大。然比墨子還走極端。連桐棺三寸都不要。不管旁人聽否。自己首先實行。很可以表示特別思想。特別性格。幾部有名的史書。對於這類特別人。大都非常注意。我們作史。亦應如此。偉大人物之中。加幾個特別人物。好像燕窩魚翅的酒席。須得有些小菜點綴。纔行。

(三)在舊史中沒有記載。或有記載而太過簡略的。我們應當爲他作專傳。這種人。偉大的亦有。不偉大的亦有。偉大的旁人知道他。正史上亦曾提到過。但不詳細。我們應當爲他作傳。譬如墨翟是偉大人物。史記中沒有他的列傳。僅附見於孟荀列傳。不過二十幾個字。近人孫仲容根據墨子本書及其他先秦古籍。作墨子列傳及年表。這就是一個很好的例。又如荀子是偉大人物。雖有孟荀列傳。但是太過簡略。清人汪中替他作荀子年表。胡元儀作荀卿子列傳。這亦是很好一個例。皆因從前沒有列傳。後人爲他補充。或者從前的傳太簡略。後人爲他改作。這類應該補作或改作之傳。以思想家文學家等爲最多。例如王充劉知幾鄭樵……等在他們現存的著作中．便有很豐富的資料．足供我們作成極體面的專傳．另有許多人．雖沒有甚麼特別偉大．但事蹟隱沒太甚．不曾有人注意．也該專為他作傳表彰．例如唐末守瓜州的義潮．賴有近人羅振玉替他作一篇傳．我們纔知道有這麼一位義士名將．又如作儒林外史的吳敬梓．前人根本不承認這本書有價值．書的作者更不用說了．近人胡適之纔替他作一篇傳出來．我們纔認識這個人的文學地位．這些都是很好的例．總之．許多有相當身分的人．不管他著名不著名．不管正史上沒有傳或有傳而太過簡略．我們都應該整篇的補充．或一部分的改作．

(四)從前史家有時因為偏見．或者因為挾嫌．對於一個人的記載．完全不是事實．我們對於此種被誣的人．應該用辯護的性質．替他重新作傳．歷史上這類人物很多．粗略說起來．可以分下列三種．

(1)完全挾嫌．造事誣衊．這類事實．史上很多．應該設法辯護．譬如作後漢書的范曄．以叛逆罪見殺．在宋書及南史上的范曄本傳中．句句都是構成他的眞罪狀．後人讀起來．都覺得曄有應死之罪．雖然作得這麼好的一部後漢書．可惜文人無行了．這種感想．千餘年來深入人心．直到近代陳澧(蘭甫)在他的東塾集裏面作了一篇申范．大家纔知完全沒有這回事．當時造此冤獄．不過由幾位小人搆煽．而後此含冤莫雪．則由沈約一流的史家挾嫌爭名．故為曲筆．陳蘭甫替他作律師．即在本傳中將前後矛盾的語言及各方可靠的證據．一一陳列起來．證明他絕無謀反之事．讀了這篇之後．纔知道不特范曄的著作令人十分讚美．就是范曄的人格也足令人十分欽佩．又如宋代第一個女文學家．塡詞最有名的李淸照(易安)在中國史上．找這樣的女文學家．眞不易得．她塡詞的藝術．可以說壓倒一切男子．就讓一步講．亦在當時詞家中算前幾名。她本來始終是金石錄的作者趙明誠的夫人。並未改嫁。但因雲麓漫鈔載其謝綦崇禮啓。濫採僞文。說她改嫁張汝舟。與張汝舟不和打官司。有「猥以桑榆之末影。配茲駔儈之下才」等語。宋代筆記遂紛紛記載此事。後人對於李易安。雖然很稱讚她的詞章。但瞧不起她的品格。到近代俞正燮在他的癸巳類稿中有一篇易安居士事輯。將她所有的著作皆按年月列出。證明她絕無改嫁之事。又搜羅各方證據。指出改嫁謠言的來歷。我們讀了這篇以後。纔知道不特易安的詞章優美。就是她的品節亦沒有可訾的地方。這類著述。主要工作全在辨別史料之眞僞。而加以精確的判斷。陳俞二氏所著。便是極好模範。歷史上人物。應該替他們做洗寃錄的。實在不少。我們都可以用這種方法做去。

（2）前代史家或不認識他的價値。或把他的動機看錯了。因此所記的事蹟。便有偏頗。不能得其眞相。這類事實。史上亦很多。應該替他改正。譬如提倡新法的王安石。明朝以前的人都把他認爲極惡大罪。幾欲放在奸臣傳內。與蔡京童貫同列。宋史本傳雖沒有編入奸臣一類。但是天下之惡皆歸。把金人破宋的罪名亦放在安石頭上。這不是托克托有意誣衊他。乃是托克托修宋史的時候。不滿意安石的議論。在社會上已很普遍了。不必再加議論。所載事蹟。已多不利於安石。讀者自然覺其可惡。但是我們要知道王安石絕對不是壞人。至少應當如陸象山王荆公祠堂記所批評。說他的新法。前人目其孳孳爲利。但此種經濟之學。在當時實爲要圖。朱子亦說他「剛愎誠然有之。事情應該作的」。他們對於安石的人格。大體上表示崇敬。但是宋史本傳。那就完全不同了。所以我們認爲有改作的必要。乾嘉時候蔡元鳳（上翔）作王荆公年譜。專門做這種工作。體裁雖不大對。文章技術亦差。惟極力爲荆公主張公道。這點精神卻很可取。

又如秦代開國功臣的李斯。爲二世所殺。斯死不久。秦國亦亡。漢人對於秦人因爲有取而代之的關係。當然不會說他好。史記的李斯傳。令人讀之不生好感。李斯旁的文章很多。一概不登。只登他的諫逐客書及對二世書。總不免有點史家上下其手的色彩。他的學問很好。曾經作過戰國時候第一流學者荀卿的學生。他的功業很大。創定秦代的開國規模。間接又是後代的矩範。漢代開國元勳如蕭何曹參都不過是些刀筆小吏。因緣時會。說不上學問。更說不上建設。漢代制度。十之八九從秦代學來。後代制度。又大部分從漢代學來。所以李斯是一個大學者。又是頭一個統一時代的宰相。憑他的學問和事功。都算得歷史上的偉大人物。很值得表彰一下。不過遲至現在。史料大都湮沒。祇好將舊有資料補充補充。看漢人引用秦人制度的地方有多少。也許可以看出李斯的遺型。總之李斯的價值。要從新規定一番。是無疑的。

(3)爲一種陳舊觀念所束縛。帶起着色眼鏡看人。把從前人的地位身分全看錯了。這類事實史上很多。應該努力洗刷。例如曹操代漢。在歷史上看來。這是力征經營當然的結果。和漢高祖唐太宗們之得天下實在沒有甚麼分別。自從三國演義通行後。一般人都當他作奸臣。與王莽司馬懿同等厭惡。平心而論。曹操與王莽司馬懿絕然不同。王莽靠外戚的關係。騙得政權。即位之後。百事皆廢。司馬懿爲曹氏顧命大臣。欺人孤兒寡婦。狐媚以取天下。這兩人心地的殘酷。人格的卑污。那裏夠得上和曹孟德相提並論。當黃巾董卓李傕郭汜多次大亂之後。漢室快要亡掉。曹孟德最初以忠義討賊。削平羣雄。假使爽爽快快作一個開國之君。誰能議其後。祇因玩一回挾天子以令諸侯的把戲。竟被後人搽上花臉。換個方面看待。同時的劉備孫權。事業固然比不上曹操的偉大。人格又何嘗能比曹操高尚。然而曹操竟會變成天下之惡皆歸豈非朱子綱目以後的史家任情褒貶，漸失其實嗎，又如劉裕代晉。其撥亂反正之功，亦不下於曹操。看他以十幾個同志在京口起義，何等壯烈。滅南燕滅姚秦把五胡亂華以後的中原，幾乎全部恢復。功業何等雄偉。把他列在司馬懿蕭道成中間看做一丘之貉能算公平嗎。宋以後的士大夫對於曹操劉裕一類人物，特別給他們不好的批評。一面是爲極狹隘極冷酷的君臣之義所束縛。以一節之短處，抹殺全部的長處。一面因爲崇尚玄虛，鄙棄事功，成爲牢不可破的謬見。對於這類思想的矯正，固然是史評家的責任最大，但敍述的史家亦不能不分擔其責。總而言之。凡舊史對於古人價值認識錯誤者，我們都該下番工夫去改正他。

（五）皇帝的本紀及政治家的列傳，有許多過於簡略，應當從新作過。因爲所有本紀，在全部二十四史中，都是編年體，作爲提綱挈領的線索。盡是些官樣文章。上面所載的都不過上諭日蝕饑荒進貢任官一類事情。所以讀二十四史的人，對於名臣碩儒，讀他們的列傳，還可以看出一個大概。對於皇帝，讀他們的本紀，反爲看不清楚。皇帝的事，往往散見在旁的列傳中，自然不容易得整個的概念了。皇帝中亦有偉大人物，於國體政體上別開一個生面，如像秦始皇漢高祖漢武帝漢光武魏武帝漢昭烈帝吳大帝北魏孝文帝北周武帝唐太宗宋太祖元世祖明太祖清聖祖清世宗清高宗，何止一二十個人，都於一時代有極大的關係。可惜他們的本紀作得模糊影響，整個的人格和氣象完全看不出來。此外有許多大政治家亦然。雖比皇帝的本紀略爲好些，但因爲作的是列傳，許多有關係的事實不能不割裂到其他有關係的人物的傳中去。即如諸葛武侯的事蹟，單看三國志的諸葛亮列傳，看不出他的偉大處來，須得把蜀志甚至於全部三國志都要讀完，考察他如何行政。如何用人如何聯吳。如何伐魏。纔能了解他的才能和人格。這種政治上偉大人物。無論為君為相。很可以從各列傳中把材料鈎稽出來。從新給他們一人作一個專傳。

(六)有許多外國人。不管他到過中國與否。祇要與中國文化上政治上有密切關係。都應當替他們作專傳。譬如釋迦牟尼。他雖然不是中國人。亦沒有到過中國。但是他所創立的佛教在中國思想界佔極重要的一部分。為自己研究的便利起見。為世界文化的貢獻起見。都有為他作專傳的必要。又如成吉斯汗。他是元代的祖宗。但是元代未有中國以前的人物。其事實不在中國本部。可以當作外國人看待。他的動作關係全世界。很值得特別研究。可惜元史的記載太簡略了。描寫不出他偉大的人格與事功。所以我們對於成吉斯汗。可以說有為他作專傳的義務。此外如馬可孛羅。意大利人。他的生活大部分在中國。曾作元朝的客卿。他是第一個著書把中國介紹到歐洲去的人。在東西交通史佔得重要的位置。我們中國人不能不了解他。又如利馬竇南懷仁湯若望龐迪我……諸人。他們在明末清初的時候到中國來。一面輸入天主教。一面又輸入淺近的科學。歐洲方面除教會外很少人注意他們。中國方面因為他們在文化上有極大的貢獻。我們就不得不特別重視了。又如大畫家的郎世寧。他的生活大部分在中國。於輸入西洋美術上。功勞很大。他在歐洲美術界只能算第二三等脚色。在中國美術界就要算西洋畫的開山祖師。歐洲人可以不注重。我們不能不表彰。更如創辦海軍的琅威爾。作中國的官。替中國出力。清季初期海軍由他一手練出。雖然是外國人。功在中國。關於他的資料。亦以中國為多。西文中尋不出甚麼來。這類人物。大大小小。不下一二十個。在外國不重要。沒有作專傳的必要。在中國很重要。非作專傳不可。有現成資料。固然很好。就是難找資料。亦得設法找去。

(七)近代的人學術事功比較偉大的。應當爲他們作專傳。明以前的人物。因爲有二十四史。材料還較易找。近代的人物。因爲清史未出。找材料反覺困難。現在要爲清朝人作傳。自然要靠家傳行狀和墓誌之類。搜羅此種史料最豐富的。要算碑傳集同國朝耆獻類徵二書。其中有許多偉大人物資料豐富。不過仍須經一番別擇的手續。但是有許多偉大人物並此種史料而無之。例如年羹堯。我們雖知他曾作大將軍。但爲雍正所殺害的情形和原因。卻很難確實知道。雖爲一時代的重要人物。而事蹟渺茫若此。豈不可惜。又如章學誠。算得一個大學者了。但是耆獻類徵記載他的事。只有兩行。並且把章字誤作張字。像他這樣重要的人物。將來清史修成。不見得會有他的列傳。縱有列傳。也許把章字誤成張字。亦未可知。或者附在文苑傳內。簡單的說一兩行。也說不定。研究近代的歷史人物。我們很感苦痛。本來應該多知道一點。而資料反而異常缺乏。我們應該盡我們的力量。搜集資料。作一篇。算一篇。尤其是最近的人。一經死去。蓋棺論定。應有好傳。述其生平。即如西太后袁世凱蔡鍔孫文都是清末民初極有關係的人。可惜都沒有好傳。此時不作。將來更感困難。此時作。雖不免雜點偏見。然多少尚有眞實資料可憑。此時不作。往後連這一點資料都沒有了。

如上所述。關係重要的。性情奇怪的。舊史不載的。挾嫌誣衊的。本紀簡略的。外國的。近代的人物。都有替他作專傳的必要。人物專史的對象。大概有此七種。

說到這兒。還要補充幾句。有許多人。雖然偉大奇特。絕對不應作傳。這種人約有兩種。

(一)帶有神話性的。縱然偉大。不應作傳。譬如黃帝很偉大。但不見得眞有其人。太史公作五帝本紀。亦作得恍惚迷離。不過說他「生而神明。弱而能言。幼而徇齊。長而敦敏。成而聰明。」這些話。很像詞章家的點綴堆砌一點不踏實其餘的傳說資料儘管豐富但絕對靠不住縱不抹殺亦應懷疑這種神話人物不必上古就是近古也有譬如達摩佛教的禪宗奉他爲開山之祖但是這個人的有無還是問題縱有這個人他的事業究竟到甚麼程度亦令人茫然難以捉摸無論古人近人祇要帶有神話性都不應替他作傳作起來亦是渺茫茫無從索解

(二)資料太缺乏的人雖然偉大奇特亦不應當作傳此如屈原人格偉大但是資料枯窘得很太史公作屈原列傳完全由淮南王安的離騷序裏面抄出一部分來傳是應該作的可惜可信的事蹟太少了戰國時代的資料本來缺乏又是文學家旁的書籍記載很少本身著作可以見生平事蹟的亦不多對這類人在文學史上講他的地位是應該的不過只可作很短的小傳把史傳未載的付之闕如有可疑的作爲筆記以待商榷若勉强作篇詳傳不是徒充篇幅就是涉及武斷反而失卻作傳的本意了又如大畫家吳道子大詩家韋蘇州人物都很偉大史上無傳按理應該補作無如吳道子事蹟稀少傳說槪不足信韋蘇州雖有一時豪俠飲酒殺人的話不過詩人口脗有多方面的解釋這類不作傳似乎不好勉强作傳又把史學家忠實性失掉了去這兩種人有的令人崇拜有的令人讚賞有的令人惋惜本來應該作傳可惜沒有資料假使另有新資料發見那時又當別論在史料枯窘狀況之下不能作亦不應作祇好暫時擱下吧

應該作專傳和不應該作專傳的人上面既已說了個標準其餘三種人的專史——年譜列傳合傳——也可就此類推現在不必詳說了

第三章　做傳的方法

今天所講的作傳方法，偏重列傳方面，但專傳亦可應用。列傳要如何作，我現在沒有想得周到，不能够提出多少原則來。我是一面養病一面講演，祇能就感想所及，隨便談談，連自己亦不滿意。將來有機會，可再把新想到的原則，隨時添上去。

爲一個人作傳，先要看爲甚麼給他做，他值得作傳的價値在那幾點，想淸楚後，再行動筆。若其人方面很少，可只就他的一方面，極力描寫。爲政治家作傳，全部精神偏在政治；爲文學家作傳，全部精神偏在文學。若是方面多，就要分別輕重，重的寫得多，輕的寫得少。輕重相等，則平均敍述。兩人同作一事，應該合傳的，不必强分；應該分傳的，要看分在何人名下最爲適當。

（一）爲文學家作傳的方法　作文學家的傳，第一，要轉錄他本人的代表作品。我們看史記、漢書各文人傳中，往往記載很長的文章。例如史記的司馬相如列傳，就把幾篇賦全給他登上。爲甚麼要費去這麼多的篇幅，去登作品，何不單稱他的賦作得好，並列舉各賦的篇名？因爲司馬相如所以配稱爲大文學家，就是因那幾篇賦有價値。那幾篇賦，現在文選上有，各種選本上亦有，覺得很普遍，並不難得。但是要知道，如果當初正史上沒有記載，也許失去了，我們何從知道他的價値呢？第二，若是不登本人著作，則可轉載旁人對於他的批評。但必擇純客觀的論文，能够活現其人的全體，而非評騭枝節的。譬如舊唐書的杜甫傳，把元微之一篇比較李杜優劣的文章，完全登在上面，這是很對的。那篇文章，從詩經說起，歷漢魏六朝，說到唐，把幾千餘年來詩的變遷。以及杜甫在詩界的地位。都寫得異常明白。新唐書把那篇文章刪去。（旁的還刪了許多零碎事情。）自謂事多於前。文省於舊。其實不然。經這一刪。反爲減色。假使沒有杜工部集行世。單讀新唐書杜甫傳。我們絕不會知他是這樣偉大的人物。爲文學家作傳的正當法子。應當像太史公一樣。把作品放在本傳中。章學誠就是這樣的主張。這種方法。雖然很難。但是事實上應該如此。爲甚麼要給司馬相如杜甫作傳。就是因爲他們的文學好。不載文章。眞沒有作傳的必要。最好能像史記司馬相如列傳登上幾篇好賦。否則須像舊唐書杜甫傳登上旁人的批評。縱然杜工部集失掉了去。我們還可以想見他的作風同他的地位。舊唐書登上元微之那篇論文。就是史才超越的地方。新唐書把它刪去。就是史識不到的地方。

（二）爲政治家作傳的方法　作政治家的傳。第一要登載他的奏議同他的著作。若是不登這種文章。我們看不出他的主義。後漢書的王充仲長統王符合傳。就把他們三人的政論完全給他登上。爲甚麼三人要合傳。爲的是學說自成一家。思想頗多脗合。爲甚麼要爲他們登載政論。因爲他們三人除了政論以外。旁的沒有甚麼可記。范蔚宗認爲論衡昌言潛夫論可以代表三家的學說。所以全登上了。論衡今尚行世。讀原書然後知道蔚宗所錄尚不完全。但是昌言同潛夫論。或已喪失。或已殘闕。若無後漢書這篇傳。我們就沒有法子知道仲長統和王符有這樣可貴的政見。第二若是政論家同時又是文學家。而政論比文學重要。與其登他的文章。不如登他的政論。史記的屈原賈生列傳。對於屈原方面。事跡模糊。空論太多。這種借酒杯澆塊壘的文章。實在作的不好。這且勿論。對於賈生方面。專載他的鵩鳥賦。弔屈原賦。完全當作一個文學家看待。沒有注意他的政見。未免太粗心了。漢書的賈生列傳。就比史記做得好。我們看那轉錄的陳政事書。就可以看出整個的賈誼。像賈誼這樣人。在政治上眼光很大。對封建。對匈奴。對風俗。都有精深的見解。他的陳政事書。到現在還有價值。太史公沒有替他登出。不是祇顧發牢騷。就是見識不到。完全不是作史的體裁。

（三）爲方面多的政治家作傳的方法　有許多人方面很多。是大政治家。又是大學者。這種人應當平均敍述。我們平常讀明史的王守仁傳。總覺得不十分好。再與旁人所作王守仁傳比較一下。就知道明史太偏重一方了。明史敍陽明的功業。說他偉大。誠然可以當之無愧。但是陽明之所以不朽。尤其因他的學說。萬季野的明史原稿。不知道怎麼樣。後來張廷玉陸隴其一般人以門戶之見。根本反對陽明思想。所以我們單讀明史本傳。看不出他在學術界的地位。最好同邵念魯的思復堂文集。明儒學案的姚江學案對照著讀。就可以知道孰優孰劣。明儒學案偏重學術。少講政治。固然可以說學案體裁。不得不爾。但是梨洲於旁人的事蹟錄得很多。而於陽明特簡。這是他的不好處。因爲陽明方面太多。學問事功都有記載的價值。學案把事功太拋棄。差不多成爲一個純粹的學者了。明史本傳全講事業。而於學問方面極其簡略。而且有許多不好的暗示。其實失策。若先載陽明學說。然後加以批評。亦未爲不可。但明史一筆抹殺。敍學術的話不過全部百分之二三。讓人看去反不滿意。現存的王陽明傳要算邵念魯作得頂好。平均起來。學問佔三分之二。功業佔三分之一。述學問的地方亦能摘出要點。從宋學勃興後學術的變遷。陽明本身的特點。在當時學界的地位。以及末流的傳授。都能寫得出來。最後又用舊唐書的方法。錄二篇文章。一篇是申時行請以陽明配祀孔廟的奏摺。一篇是湯斌答陸隴其的一封信。他不必爲陽明辯護。而宗旨自然明白。述功業的地方。比明史簡切得多。眞可謂事多於前。文省於舊。尤爲精采的。是能寫得出功業成就的原因及功業關係的重大。又概括。又明瞭。在未敍剿平南贛匪亂之先．先說明用兵以前的形勢．推論當時假使沒有陽明恐怕晚明流寇早已起來．等不到泰昌天啓的時候了．次敍陽明同王瓊（最先賞識陽明的人）的談話．斷定舊兵不能用．非練新兵不可．新兵又要如何的練法．平賊以前．有這兩段話．可以看出事業的關係．及其成功的原因．這種消息在明史本傳一點沒有痕跡．不過說天天打勝仗而已．又陽明平賊以後．如何撫循地方．維持秩序．以減少作亂的機會．一面用兵一面講學．此等要事亦惟邵書有之．而明史則無．關於平定宸濠一事．雖沒有多大比較．但明史繁而無當．不如邵書簡切．這都可以看出史才史識的高低．

（四）爲方面多的學者作傳的方法　許多大學者有好幾方面．而且各方面都很重要．對於這種人．亦應當平均敍述．譬如清儒記載戴東原的很多．段玉裁作年譜．洪榜作行狀．王昶作墓誌銘．錢大昕作墓誌銘．阮元作儒林傳稿．淩廷堪作行狀．這些都是很了不得的人．我們把他們的作品來比較．可以看出那一個作得好．如何纔能把戴東原整個人格完全寫出．我們看段玉裁雖是親門生．但東原年譜是晚年所作．許多事跡記不清楚．王錢阮淩諸人．或者關係很淺．或者相知不深．大半是模糊影響的話．惟有洪榜的行狀作得很好．但現在所存的已經不是原文．被人刪去不少．原文全錄東原答彭進士允初書．時人皆不謂然．朱筠且力主刪去．東原家人祇好刪去了．其實此書自述著孟子字義疏證之意．在建設一己哲學的基礎．關係極其重要．洪榜能賞識．而餘人不能．這不是藝術的關係．乃是見識的關係．其餘幾家祇在聲音訓詁天文算術方面着眼．以爲是東原的絕學．東原的哲學的見解．足以自樹一幟．他們却不認識．並且認爲東原的弱點．比較上淩廷堪還稍微說了幾句．旁的人一句亦不講．假使東原原文喪失．我們專看王錢段阮諸人著作．根本上就不能了解東原了。所以列傳眞不易作。一方面要史識，一方面要史才。欲得篇篇都好，除非個個了解。但是無論何人不能如此淵博。要我在淸史中作戴東原傳，把他所有著作看完，尚可作得淸楚。要我作惲南田（大畫家）傳，我簡直沒有法子。因爲我對於繪畫一道，完全是外行。想把惲傳作好，至少能夠了解南田，如像了解東原一樣。所以作列傳不可野心太大，篇篇都想作得好。頂好專作一門。學文學的人作文學家的列傳，學哲學的人作哲學家的列傳。再把前人作的拿來比較一下，可以知道爲某種人作傳應該注重那幾點。作時就不會太偏了。即如戴東原傳，前兩年北京開戴氏百年紀念會，我曾作過一篇。因爲很匆忙，不算作得好。但可以作爲研究的模範。我那篇傳就是根據段洪王錢阮淩幾家的作品，因爲敍述平均，至少可以看出東原的眞相以及他在學術界的地位。後來居上，自然比洪榜的行狀還好一點。不過洪作雖非全璧，亦能看出東原一部分眞相來，已經就很難了。作傳要認淸注重之點，不錯。戴東原是一個學者，但是在學問方面是他的聲音訓詁好呢？還是他的義理之學好？沒有眼光的人一定分辨不出來。我以爲東原方面雖多，義理之學是他的菁華，不可不講。王錢諸人的著作沒有提到，這是他們失察的地方。

（五）爲有關係的兩人作傳的方法　兩個人同作一件事，一個是主角，一個是配角，應當合傳，不必强分。前面講賈生列傳，漢書比史記好。但是韓信列傳，漢書實在不高明。班孟堅另外立一個蒯通傳，把他遊說韓信的話放在裏邊。蒯通本來只是配角，韓信纔是主角。韓信的傳，除了蒯通的話，旁的不見精采。蒯通的傳，除了韓信的話，旁的更無可說。漢書勉强把他二人分開，配角固然無所附麗，主角亦顯得單調孤獨了。這種眼光，孟堅未始不曾見到。或者因爲他先作韓信傳，後來纔作蒯通傳。既作蒯通傳，不得不割裂韓信傳。這樣一來，便弄得兩面不討好了。兩個人同作一件事。兩人又都有獨立作傳的價値。這種地方。就要看分在何人名下最爲適當。明史左光斗同史可法兩個人都有列傳。兩人都有價値。史是左的門生。年輕時很受他的賞識。後來左光斗被魏忠賢所陷。繫在獄中。史可法冒險去看他。他臨死時又再去收他的屍。明史把這件事錄在史可法傳中。戴南山又把這件事錄在左光斗傳中。分在兩書。並錄無妨。同在一書。不應重見。比較起來。以錄在左傳中爲是。史可法人格偉大。不因爲這件事情而加重。左光斗關係較輕。如無此事。不足以見其知人之明。所以在史傳中無大關係。在左傳中。可以增加許多光彩。

(六)爲許多人作傳的方法　上次講作專傳以一個偉大人物作中心。許多有關係的人附屬在裏面。不必專傳如此。列傳亦可。因一個主要的。可以見許多次要的。這種作法。史記漢書都很多。作正史上的列傳。篇數愈少愈好。可以歸納的最好就歸納起來。史記的項羽本紀。前半篇講的項梁。中間講的范增。後半篇纔講項羽。自己若是文章技術劣點。分爲三篇傳。三篇都作不好。太史公把他們混合起來。祇作一篇文章。又省事情。又很清楚。這種地方很可取法。還有許多人。不可以不見。可是又沒有獨立作傳的價値。就可以附錄在有關係的大人物傳中。因爲他們本來是配角。但是很可以陪襯主角。沒有配角。形容不出主角。寫配角正是寫主角。這種技術。史記最是擅長。例如信陵君這樣一個人。胸襟很大。聲名很遠。從正面寫。未嘗不可以。總覺得費力。而且不易出色。太史公就用旁敲側擊的方法。用力寫侯生。寫毛公薛公。都在這些小人物身上着筆。本人反爲很少。因爲如此。信陵君的爲人格外顯得偉大。格外顯得奇特。這種寫法。不錄文章。不寫功業。專從小處落墨。把大處烘托出來。除却太史公以外。別的人能够做到的很少。

第四章　合傳及其做法

合傳這種體裁。在傳記中最爲良好。因爲他是把歷史性質相同的人物。或者互有關係的人物。聚在一處。加以說明。比較單獨敍述一人。更能表示歷史眞相。歐洲方面最有名最古的這類著作要算布魯達奇的英雄傳了。全書都是兩人合傳。每傳以一個希臘人與一個羅馬人對照。彼此各得其半。這部書的組織。雖然有些地方勉強比對。不免呆板。但以比對論列之故。一面可以發揮本國人的長處。亦可以鍼砭本國人的短處。兩兩對照。無主無賓。因此敍述上批評上亦比較公平。中國方面。史記中就有許多合傳。翻開目錄細看。可以看出不少的特別意味。史記以後。各史中雖亦多有合傳。究竟嫌獨立的傳太多了。若認眞歸併起來。可以將篇目減少一半或三分之一。果然如此。一定更容易讀。更能喚起興味。合傳這種方法。應用得再進步的。要算淸代下列的幾家。

（一）邵廷采（念魯）邵氏的思復堂文集。雖以文集名書。然其中十之七八都是歷史著作。論其篇幅。並不算多。但每篇可以代表一種意義。其中合傳自然不止一人。專傳亦包括許多人物。如王門弟子傳。劉門弟子傳。姚江書院傳。明遺民所知傳等篇。體裁均極其優美。全書雖屬散篇。然隱約中自有組織。而且一篇篇都作得很精鍊。可以作我們的模範。

（二）章學誠（實齋）章氏的湖北通志檢存稿。三十餘篇傳都是合傳。每傳人數自二人以至百餘人不等。皆以其人性質的異同爲分合的標準。皆以一個事蹟的集團爲敍述的中心。讀其傳者。同時可知各個人的歷史及一事件的始末。有如同時讀了紀傳體及紀事本末體。雖其所敍祇湖北一省的事情。而且祇記湖北在正史中無傳的人物．範圍誠然很窄．但是此種體裁可以應用到一時代的歷史上去．亦可應用到全國的歷史上去．

(三)魏源(默深)魏氏的元史新編．十幾年前纔刻出來．這部書是對於二十四史的元史不滿意而作．二十四史中元史最壞．想改作的人很多．已成書的．柯劭忞的新元史．屠寄的蒙兀兒史記．與魏書合而爲三．魏書和柯書屠書比較．內容優劣如何．我不是元史學專家．不敢妄下斷語．但其體裁．實不失爲革命的書中列傳標目很少．在武臣方面合平西域功臣爲一篇平宋功臣爲第二篇……又把武功分爲幾個段落．同在某段落立功者合爲一傳．文臣方面合開國宰相一篇．中葉宰相一篇．末葉宰相一篇．某時代的諫官一篇．歷法同治河的官又是一篇．又把文治分爲幾個時代或幾個種類．同在某時代服官者．或同對於某樣事業有貢獻者．各各合爲一傳．全書列傳不過二三十篇．皆以事的性質歸類．每篇之首．都有總序．與平常作傳先說名號籍貫者不同．我們但看總序．不待細讀全篇．先已得個大概．例如每個大戰役內中有多少次小戰．每戰形勢如何．誰爲其中主人．開頭便講．然後分別說到各人名下．像這種作法．雖是紀傳體的編製．卻兼有紀事本末體的精神．所傳的人的位置及價值亦都容易看出．

我們常說二十四史有改造的必要．如果眞要改造．據我看來最好用合傳的體裁．而且用魏源的元史新編那體裁．當初鄭樵作通志的時候．原想改造十七史．這種勇氣很好．卽以內容而論．志的部分亦都作得不錯．可惜傳的部分實在作得不高明．不過把正史列傳各抄一過而已．讀通志的人大都不看傳．因爲通志的傳根本就和各史原文沒有甚麼異同．改造二十四史．別的方法固然很多．在列傳方面衹須用魏書體裁就可耳目一新．

看的時候淸楚。許多激發許多。讓一步講。我們縱不說改造二十四史的話。卽是做人物的專史。終不能不作傳。做單傳固然可以不過可合則合效果更大。

合傳的性質。各人的分類不同。依我看來可以分爲兩大類。第一類。超羣絕倫的偉大人物。兩下有比較者。可作合傳。第二類代表社會一部分現象的普通人物許多人性質相近者可作合傳以下根據這兩類分別細講。

(一)人物或二人或二人以上可以作篇合傳。又可分爲四小類。

(1)同時的人事業性質相同或相反可合者合之。例如王安石與司馬光時代相同。事業相同。兩人代表兩派。凡讀王安石傳時不能不參考司馬光傳。與其分爲兩篇。對於時代的背景要重複的講了又講。對於政治的主張有時又不免有所軒輊何如合爲一篇可以省事而且搜求事跡亦較公平。再如朱熹與陸九淵。時代相同。性質不同代表的方面亦相反。作了朱傳再作陸傳一定要犯上面所說的重複和偏見兩種毛病合在一起。就不至於恭維這個瞧不起那個了。又如曾國藩與胡林翼。時代相同。事實亦始終合作。單作曾傳非講胡不可。單做胡傳非講曾不可。兩人地位相等。不能以曾附胡。亦不能以胡附曾。應該合爲一傳。平均敍述。更如李白與杜甫雖未合作亦非相反然同時代可以代表唐時文學的主要部分。講李時連帶說杜。講杜時連帶說李。兩下陪襯起來。格外的圓滿周到。假使把他們分開就不免有拖沓割裂的痕跡了。

(2)不同時代的人。事業相同。性質相同。應該合傳。例如漢武帝與唐太宗。時代不同。而所作的多是對外事業。漢族威德的發揚光大。兩人都有功勞合爲一傳。可以得比較其在中國文化上的位置及價値。愈見明瞭。再如曹操與劉裕。時代不同。性質大部分相同。都在大亂之後。崛起草澤。惟皆未能統一中國。遂令後世史家予以不好的批評。若把他們兩人合在一起。可以省許多筆墨。而行文自見精采。加判斷的時候亦比較的容易公平。又如項羽李密陳友諒。時代不同。事業大致相同。都是遭遇強敵。遂致失敗。這種失敗的英雄。可以供我們憑弔的地方很多。合在一塊作傳。情形倍覺可憐。更如苻堅北魏孝文帝北周武帝金世宗清聖祖。時代不同。事業相同。都是以外國入主中國。努力設法與漢人同化。合爲一傳。可以看出這種新民族同化到中國的情形。全部歷史上因爲有這幾個人。變遷很大。

（3）專在局部方面。或同時。或先後同作一種工作。這類人應當合傳。例如劉知幾鄭樵章學誠。都在中國歷史哲學上有極大的貢獻。史學觀念的變遷和發明。皆與他們有密切關係。三人合在一塊作傳。可以看出淵源的脈絡。前人的意見。後人如何發揮。前人的錯誤。後人如何改正。中國歷史哲學就容易敍述清楚了。又如鳩摩羅什與玄奘。都是翻譯佛經事業的偉大相若。兩個人代表兩大宗派。一個是三論宗的健將。一個是法相宗的嫡傳。做他們兩人的合傳。可以說明印度佛教宗派的大勢力。中國譯經事業的情形。又如公孫述劉備李雄王建孟知祥。都在四川割據稱雄。祇能保守。不能進取。把他們幾人合傳。可以看出四川在中國的地位。前人常說。「天下未亂蜀先亂。天下已治蜀未治。」這個原則。古代如此。直至民國。仍然沒有打破。更如陳東與張溥。都是代表一種團體活動的人。兩人性質相同。陳爲大學生。張爲秀才。一個連合學生干政。一個運動組織民黨。把他們兩人合傳。可以看出地位不高而事業偉大的中國青年。在歷史活動的成績及所以活動的原因。

(4)本國人與外國人性質相同。事業相同。可以作合傳。要作這種傳。不單要研究國學。外史知識亦須豐富。兩兩比較可以發揮長處。補助短處。例如孔子與蘇格拉底兩個都是哲學家。一個是中國的聖人。一個是希臘的聖人。都講人倫道德。兩人合爲一傳。可以比較出歐亞對於人生問題的異同及解決這類問題的方法。再如墨翟與耶穌。兩個都是宗教家。一個生當戰國。一個生於猶太。都講博愛和平崇儉信天。合在一塊作傳。可以看出耶墨兩家異同。並可以研究一盛一衰的原故。又如屈原和荷馬。兩個都是文學家。一個是東方的文豪。一個是西方的詩聖。事蹟都不十分明瞭。各人都有幾種傳說的把他們合在一起。可以看出古代文學發達的次序。及許多作品附會到一人名下的情形。更如淸聖祖。俄大彼得。法路易十四。都是大政治家。三人時代相同。性質相同。彼此都有交涉。彼得路易的國書。淸故宮尙有保存。替他們合作一傳。可以代表當時全世界的政治狀況。並可以看出這種雄才大略的君主對內對外的方略。

(二)代表社會一部分現象的普通人物　和第一類相反。前者是英俊挺拔的個人。後者是羣龍無首的許多人。正史中的儒林文苑遊俠刺客循吏獨行等列傳。就爲他們而立。他們在歷史上關係的重要。不下於偉大人物。作這種合傳。是專寫某團體或某階級的情狀。其所注意之點。不在個人的事業。而在社會的趨勢。需要立傳與否。因時代而不同。史記有遊俠傳。因爲秦漢之交。朱家郭解一流人物在社會上有相當的勢力。不可忽視。後漢書有黨錮傳。因爲東漢時候。黨錮爲含有社會性的活動。直接影響到政治。後漢書又有獨行傳。因爲當時個人的高世傑出之行。社會上極其佩服。養成一種風氣。宋史有道學傳。因爲宋代理學發達。爲當時一種特殊現象。於社會方面影響極大。這類人物含有社會性。其中亦有領袖行爲。舉止頗多值得注意的地方，然不及全部活動之重要。單注意領袖，不注意二三等脚色，看不出力量，看不出關係，非有羣龍無首的合傳不可。我們萬勿以人物不大，事情不多，一個個分開看，無足輕重，便認定其活動爲無意義，便不得佔篇幅。須知一個人雖無意義，人多則意義自出，少數的活動效果雖微，全體的活動效果極大。譬如後漢書黨錮傳，要把個人的動作聚合加上，然後全部精神可以表出。單看范滂張儉所爭，都是硜硜小節，然黨錮共同精神，就在這硜硜小節裏邊。我們若祇是發空論，唱高調，一定表現此中眞相不出來的。眞講究作文化史，這類普通人物的事實，比偉大人物的動作意味還要深長。二十四史中這類合傳尚嫌其少，應當加以擴充。又可分爲五項。

（1）凡學術上，宗教上，藝術上，成一宗派者，應當作爲合傳。例如姚江王門弟子傳，蕺山劉門弟子傳，邵念魯所著作得很好。兩家學風，可以看出。宋元學案明儒學案亦皆如此。前者分派多，歸併少；後者反是，比較起來還是明儒學案好些（因一是單篇一是專著之故）李穆堂的陸子學譜亦用合傳體裁。陸門一傳再傳弟子的關係，都在裏面看得很瞭然，研究亦很方便。再如法相宗天台宗禪宗，在佛教史中不必多作，祇要幾篇好的合傳，便就彀了。又如南宗畫派院體畫派，自明以來，分據畫界領域，把一派中重要人物聚集起來，爲作一篇合傳，並不費事，而研究近代繪畫的人，很容易得一種概念。

（2）凡一種團體，於時代有極大關係者，應當爲作合傳。例如宋代的元祐慶元黨案，不管他有無具體組織，亦不管他是好是壞，但是當時士大夫都歡喜標立門戶，互相排擠，至其甚則造作黨籍，以相陷。但凡他們氣味相投的，都可以作爲合傳，以觀其是非得失。再如明代的東林復社崑宣閹黨，有的係自立名號，有的敵黨所加。各因其類。結爲團體。以相攻擊。於是宇內騷然。大獄慘動。最好一黨作篇合傳。以觀其政治上影響。並可以考見明亡的原因。又如近代的戊戌維新黨。國民黨。共產黨。其發生雖或先或後。歷史雖或久或暫。組織雖或疎或密。然對於政治方面。各有主張。各有活動。應該把他們的分子作幾篇合傳。以說明他們的眞相。判斷他們的功罪。推求他們在政治上社會上的影響。

（3）不標名號。不見組織。純爲當時風氣所鼓盪。無形之中。演成一種團體活動。這類人亦應當爲作合傳。例如晉代的清談。沒有黨。沒有系。更沒有本部支部。但是風氣所尙。都喜歡揮麈尾。發俊語。爲他們作一篇合傳。不特可以看出當時思想的趨勢。並可以看出社會一般的情形。再如宋代的道學。雖沒有標出任何團體。然而派別很多。人人都喜歡講點理氣性命的話。合起來作篇傳。比宋元學案稍略。比宋史道學傳稍詳。以看他們的主張及傳授。那就好了。又如明末遺民反抗滿洲。雖沒有團體。但確爲時代精神所寄。單看張煌言顧炎武等。還看不出全部的民族思想。社會潮流。把大大小小許多人都合起來作傳。他們這種活動的意義及價值。立刻就可以看出來了。

（4）某種階級或某種閥閱。在社會上極佔勢力者。應當爲作合傳。例如六朝的門第。儼然是一種階級。南朝的王謝郗庾。北朝的崔盧李鄭。代代俱掌握政權。若從南北史中把他們這幾人各作一篇合傳。可知其勢力之偉大。所有重要活動。全是這幾人作的。但是單看王導傳謝安傳。很不容易看出來。再如唐朝的藩鎭爲一代盛衰的根源。單看安祿山史思明的列傳。看不出有多少關係。若把大大小小的藩鎭都合起來。說明他們的興亡始末。可以看出在當時專橫的情形。於後世影響的重大。又如晚明流寇騷動全國。明朝天下就斷送在他們手裏。單看張獻忠李自成的列傳，還未能看出民間慘苦的全部，把所有流寇都聚集起來，就可以看出他們的凶暴刻毒，並可以看出社會上所受他們的摧殘蹂躪，有些地方眞能够使我們看了流淚。

（5）社會上一部分人的生活，如有資料，應當搜集起來，爲作合傳。例如藏書家及印書家，單指一人，不能說有多少影響，若把一代（如清代）的藏書家印書家作合傳，可以知道當時書籍的聚散離合，一代文化的發達與衰謝，亦可以看出一斑。這和學術上的關係，極爲重大。再如淮揚鹽商，廣東十三行，都是一時的商業中心，可惜資料不易得了。若由口碑及筆記搜集起來，作爲合傳，可以看出這部分的經濟狀況，及國內外商業的變遷。又如妓女及戲子，向來人看不起，但是他們與政治上社會上俱有很大的關係。明末妓女中的柳如是陳圓圓顧橫波，都是歷史上極好的配角，淸末戲子中的程長庚譚鑫培梅蘭芳，都很受社會的歡迎，爲他們作篇合傳，不特值得，而且應該；有許多地方，須靠他們來點綴說明。

上面第一第二兩類人物，一類之中，分爲幾個小類，每一小類，舉三四個例來，取便說明，並不是說應該作傳的人物完全在此。我的意思，是說偉大人物單獨作傳，固然可以；但不如兩兩比較，容易公平，而且効果更大。要說明位置價值及關係，亦較簡切省事。至於普通人物，多數的活動，其意味極其深長，有時比偉大還重要些。千萬不要看輕他們，沒有他們，我們看不出社會的眞相，看不出風俗的由來。合傳這種體裁，大概情形如此。

第五章　年譜及其作法

年譜這種著述，比較的起得很遲，最古的年譜，當推宋元豐七年呂大防做的韓文年譜杜詩年譜，做年譜的動機，是讀者覺得那些文詩感觸時事的地方太多，作者和社會的背景關係很切，不知時事，不明背景，冒昧去讀詩文，是領會不到作者的精神的，爲自己用功起見，所以做年譜來彌補這種遺憾。不過初次草創的年譜，組織自然不完密，篇幅也非常簡單，拿現在的眼光去看，眞是簡陋的很。

但是自從呂大防那兩部年譜出世以後，南宋學者做年譜的就漸漸加多了。到明清兩代，簡直「附庸蔚爲大國，」在史學界佔重要位置。起初不過是學者的專利品，後來各種人物都適用了。起初不過一卷二卷，後來卻增至數十卷了。就中如阿文成公年譜有三十四卷，比較呂大防的作品，相差就很遠。做年譜的方法，經過許多學者的試驗發明，也一天比一天精密。自從初發生到現在，進步的迅速，不能不使我們驚異。

甲　年譜的種類

年譜的種類，可從多方面去分。

(一)自傳的或他傳的

本人做自傳，歐洲美洲很多，中國比較的少，但中國也不過近代纔不多，古代卻不少。太史公自序便是司馬遷的自傳，漢書敍傳便是班固的自傳，論衡自紀，史通自敍，便是王充劉知幾的自傳。漢書司馬相如傳揚雄傳所採的本文，便是司馬相如揚雄的自傳。這可見自傳在中國古代已很發達了。

由自傳到自傳的年譜，勢子自然很順，但自傳的年譜起得很晚。清康熙時孫奇逢恐怕是最早的一個。孫奇逢做得很簡單，只有些大綱領，後來由他的弟子補注，纔完成了一部書。同時稍後，黃宗羲也自做一部年譜，可惜燬了。不知內容怎樣。

此外。馮辰做的李恕谷年譜前四卷。實際上等於李塨自己做的。也可歸入自傳年譜一類。我們知道李塨是一個躬行實踐的人。對於自己的生活是毫不放鬆的。他平時把他的事蹟思想。記在他的日譜上面。用來做學問的功夫。和旁人的日記不同。這種日譜不但可以供後人做效。不但很有趣味。而且可使後人知道作者思想的進步。事蹟的變遷。毫無遺憾。所以馮辰編李恕谷年譜。單把李塨日譜刪繁存要。便成功了。這年譜完全保存了日譜的眞相。而且經過李塨的手定。簡直是李塨自著似的。（但第五卷是劉調贊續纂的。不是根據李塨的日譜所以又當別論）

爲研究歷史的方便起見。希望歷史的偉大人物。都能自做日譜。讓後人替他做年譜時。可省許多考證的工夫。然而這種希望何時達到呢。在這上。他傳的年譜。便越發需要了。

他傳的年譜又可分同時人做的。和異時人做的。二種。

（1）同時人當然是和譜主有關係的人。或兒子。或門人。或朋友親故。這類人做的年譜。和自傳的年譜價值相等。其中最有名的要推王陽明年譜。那是許多門人蒐輯資料。由錢德洪編著的。他們把王守仁一生分作數段。一個人擔任蒐輯某年到某年的事蹟。經過了許多人的努力。很長久的時間。後來有幾個人死了。幸虧王畿羅洪先幫助錢德洪。纔做成這部年譜。總算空前的佳著。但後來又經李贄的刪改。添上了許多神話。便不能得王守仁的眞相了。前者在王文成公全書內。後者在四部叢刊內。我們須分別看待。

此外。劉蕺山年譜最値得我們稱贊。因爲是蕺山的兒子劉汋（伯繩）做的。邵廷采（念魯）謂可以離集別行。不看本集單看年譜。已能知譜主身世和學問的大概。這類有價値的很多。如李塨的顏習齋年譜。李瀚章的曾文正公年譜。

（2）異時人做的年譜眞多極了。他們著書的原因。大概因景仰先哲。想徹底了解其人的身世學問。所以在千百年後做這種工作。這裏邊最好的要算王懋竑的朱子年譜。和同時人做的有相等的價値。固然有許多事情。同時人能看見。而異時人不能看見。却也有許多事情。異時人可考辨得很淸楚。而同時人反爲茫昧的。所以一個人若有幾部年譜。後出的常常勝過先出的。現在姑且不講。留在下節討論。

（二）創作的或改作的

同時人所做的年譜固然是創作。異時人所做的年譜。若是從前沒有人做過。便也是創作。創作的年譜。經過了些時。常有人覺得不滿意。重新改做一部。這便是改作的年譜。改作的大概比創作的好些。只有李贄的王陽明年譜是例外。但我們要知道改作是一件不得已的事情。如果沒有特別見地。自然可以不用改作。改作了也不可埋沒作者的艱苦。因爲創作者已做好了大間架。改作者不過加以小部分的增訂刪改而已。無論什麼歷史。我們固然不能說只可有創作。不可有改作。但也不能因有了改作的以後。就把創作者的功勞沒了去。有些人不止一部年譜。甲改做了乙又改做。如朱子年譜有李方子李默洪去燕王懋竑四種。顧亭林年譜有顧衍生吳映奎徐松胡虔。張穆五種。元遺山年譜有翁方綱凌廷堪張穆三種。陶淵明年譜有吳仁傑王質丁晏和我做的四種。大概越發晚出越發好些。

（三）附見的或獨立的

我們如果想做一部某人的年譜，先須打定主意，到底是附在那人文集後面呢，還是離集而獨立，附見的要使讀本集的人得著一種方便，獨立的須要使不讀本集的人能够知道那人身世和學問或事業的大概，主意定了，纔可以著手去做。

本來年譜這種書，除了自傳的或同時人做的以外，若在後世而想替前人做，非那人有著述遺下不可，沒有著述或著述不傳的人的年譜，是沒有法子可以做的，除非別人的著述，對於那人的事蹟記載十分詳明，纔行，所以年譜的體裁不能不有附見和獨立二種。

這二種的異點，只在詳略之間，附見的年譜應該以簡單爲主，注重譜主事蹟，少引譜主文章，因爲讀者要想詳細知道譜主的見解和主張，儘可自己向本集去尋找，專傳後面，有時也可附錄年譜或年表，那種年譜也和附見本集的一樣，越簡越好，獨立的年譜卻恰不同，越簡越不好，他的起原，只因本集太繁重或太珍貴了，不是人人所能得見，所能畢讀的，爲免讀者的遺憾起見，把全集的重要見解和主張，和譜主的事蹟，摘要編年，使人一目瞭然，這種全在去取得宜，而且還要在集外廣搜有關係的資料，纔可滿足讀者的希望，合起二種來比較，獨立的恰似專傳，附見的恰似列傳，列傳與附見的年譜須簡切，專傳與獨立的年譜須宏博。

（四）平敍的或考訂的

倘使譜主的事蹟沒有複雜糾紛的問題，又沒有離奇矛盾的傳說，歷來對於譜主事蹟，也沒有起個什麼爭辯，那麼簡直可以不要費考訂的筆墨，縱使年代的先後不免要費考訂的功夫，但也在未落筆墨之前，不必寫在紙上，這種叫做平敍的年譜，他的重要工作，全在搜羅的豐富，去取的精嚴，敍述的翔實，王陽明年譜，曾文正公年譜便屬這種。創作的固然可以平敍。改作的也未嘗不可。翻回來說。要考訂的年譜。正多著呢。約計起來。共有三種。

(1)譜主事蹟太少要從各處鈎稽的　例如王國維作太史公繫年考略。因爲太史公的事蹟在史記漢書都不能有系統的詳細的記載。所以很費了一番考訂工夫。而且逐件記出考訂的經過。記載的理由來。這是很應該的。因爲不說個清楚。讀者不知某事何以記在某年。便有疑惑了。倘若要做孟子墨子一般人的年譜。這是很好的模範。但做起來却不容易。孟子在史記雖有傳。卻有許多不易解決的問題。如先到齊抑先到梁。主張伐燕在齊宣王時代抑在齊湣王時代。都是要費力考訂的。墨子的事蹟更簡。史記只有十餘字。我們應該怎樣去鈎稽考訂敍述呢。總說一句。年代久遠。事蹟湮沒的人。我們想替他做年譜或年表。是不能不考訂的。

(2)舊有的記載把年代全記錯了的　例如陶淵明。宋史昭明太子晉書各傳。都說他年六十三。生於晉興寧三年。其實都錯了。我替他做年譜。從他的詩句裏找出好些證據。斷定他年只五十六。生於晉咸安二年。這麼一來。和舊有的年譜全體不同了。舊譜前數年的事。我都移後數年。這種工作和太史公繫年考略稍異。他用的是鈎沈的工夫。我用的是訂譌的工夫。前人做了不少的陶淵明年譜。都不曾注意到此。其實無論那個譜主的生年數一錯。全部年譜都跟著錯了。此外如譜主的行事。著作的先後次序。前人的記載也不免常有錯誤。都值得後人考訂。例如王陽明編朱子晚年定論。說那些文章是朱子晚年做的。其後有許多人說他造謠。這實是一大問題。假使朱子的行事及著作的先後。早有好年譜考定了。便不致引起後人的爭辯。專傳列傳都不能做詳略考訂工作。年譜的責任。便更重大了。

(3)舊有的記載故意誣衊或觀察錯誤的　如宋史王安石傳對於王安石的好處。一點不說。專記壞處。有些不是他的罪惡也歸在他身上了。因爲做宋史的人根本認他是小人。後來蔡上翔做王荆公年譜。把王荆公文集和北宋各書關於譜主的資料。都蒐輯下來。嚴密的考訂一番。詳細的記述成書。我們看了。纔知道做宋史的人太偏袒王安石的敵黨了。把王安石許多重要的事蹟都删削了。單看見他的片面。而且還不免有故入人罪的地方。像這種年譜。實有賴於考訂。倘無考訂的工夫。冒昧的依從舊有的記載。那麼古人含寃莫白的。不知有多少了。但蔡上翔的王荆公年譜似乎不免超過了考訂的範圍。有許多替王安石辨護的話。同時寫在考訂的話之後。辨護雖很不錯。卻和考訂的性質有點不同了。

總結上面四種年譜種類說幾句話。就是我們要想做年譜。先要打定主意。想做的是那一種。是創作的呢。還是改作的。是獨立的呢。還是附見的。是平敍的呢。還是考訂的。主意定了。纔可以動手。

乙　年譜的體例

接著的便是年譜的體例問題。我們須得講個清楚。使學者知道年譜怎樣做法。

(一)關於紀載時事——譜主的背景

世上沒有遺世獨立的人。也就沒有不記時事的年譜。偉大的人。常常創造大事業。事業影響到當時人生。當然不能不記在那人的年譜上。就是活動力很小的人。不能創造大事業。而別人新創造的事業。常常影響到他身上。那麼時事也應佔他年譜的一部分。不過譜主的趨向既各不同。年譜紀載時事。自然也跟著有詳有簡。詳簡的標準。我們須得說一說。

譬如陳白沙是荒僻小縣的學者。（我的鄉先輩）不曾做過教學以外的事業。生平足跡只到過廣州一次北京兩次。生的時世又很太平。簡直可以說他和時事沒有直接的關係。倘使替他做年譜。時事當然少記。又如錢竹汀的科名雖然不小。但只做了幾年閒散的京官。並沒有建設什麼功業。到了中年便致仕回里教書至死。生的時世也很太平。我們要想把時事多記些上他的年譜。也苦於無法安插。又如白香山的詩。雖很有些記載社會狀況的。生的時世雖很紛亂。但他不曾跑進政局。和時事還沒有直接關係。不過總算受了時事的影響。倘使我們替他做年譜。時事自然可以記載些。像這類純粹的學者。文人。和時代的關係比較的少。替他們做年譜。要紀載時事。應該很簡切。假使看見旁人的年譜記時事很詳。也跟樣。那可錯了。

反面說。學者。文人也有根本拿時代做立脚點的。例如顧亭林。雖然少做政治活動。而他的生涯完全受政治的影響。他的一言一動幾乎都和時代有關係。假使他的年譜不記時事。不但不能了解他的全人格和學問。而且不能知道他說的話是什麼意義。從晚明流寇紛起。滿洲人入關得國。到明六王次第滅亡。事事都激動他的心靈。終究成就了他的學問。像這類人雖然沒有做政治活動。他的年譜也應該記載時事。而且須記詳細些。若譜主正是政治家。當軸者。那更不用說。無論是由他創造的事業。或是有影響於他身上的時事。都應該很詳細的記入他的年譜。

有一種文人和當時的政事有密切關係。假使他的年譜不記時事。我們竟無法看懂他的著作。認識他的價值。而時事亦即因此湮沒不少。例如一般人稱杜甫的詩爲詩史。常常以史註詩。而不知詩裏便有許多史册未記的事。又如顧亭林的詩。影射時事的也不少。其中有一首。記鄭成功張煌言北伐至南京的一事。說張煌言曾與李定國定期出兵因路遠失期以致敗走。假使顧亭林年譜不記時事怎麼知道這詩所說何事即使知道了鄭張北伐的事。不端詳詩句的隱義。也會湮沒了張李相約的軼聞。所以譜主的著作。和年譜對看常有相資相益之處。而年譜記載時事也因此益覺重要。

大概替一人做年譜。先須細察其人受了時事的影響多大其人創造或參與的時事有幾。標準定了。然後記載纔可適宜。

曾國藩是咸豐同治間政局唯一的中心人物。他的年譜記載時事應該很詳細。除了譜主直接做的事情以外。清廷的措施偏將的勝負敵方的因應民心的向背。在在都和譜主有密切的關係如不一一搜羅敘述。何以見得譜主立功的困難和原因。我們看李瀚章做的曾文正公年譜。實在不能滿足我們這種欲望因爲他只敘譜主本身的命令舉動。只敘清廷指揮黜陟諭旨其餘一切只有帶敘從不專提。使得我們看了。好像從牆隙中觀牆外的爭鬭。不知他們爲什麼有勝有負雖然篇幅有十二卷之多。實際上還不夠用。倘然有人高興改做倒是很好的事情。但千萬別忘記舊譜的短處。最要詳盡的搜輯太平天國的一切大事同時要人的相互關係把當時的背景寫個明白。纔了解曾國藩的全體如何。

假如要做李鴻章的年譜。尤其要緊的是要把背景的範圍擴大到世界各強國。因爲李鴻章最初立功。就因利用外交。得了外國的幫助纔和曾國藩打平太平天國。假使不明白各國對太平天國的態度如何知道他們成功的原因。後來他當了外交的要衝。經過幾次的國際戰爭。締結幾次的國際條約。聲名達於世界。他誠然不善於外交，喪失了國家許多權利，但我們要了解他爲什麼失敗，爲什麼事事受制於人，除了明白中國的積弱情形以外，尤其需要明白世界的大勢，因爲十九世紀之末，自然科學發達的結果，生產過剩，歐洲各國都拚命往東方找殖民地和市場，非澳二洲和亞洲南西北三部，都入了白人的掌握，所以各國的眼光，都集中到中國，那時世界又剛好出了幾個怪傑，德國的俾斯麥，俄國的亞歷山大，日本的明治帝，一個個都運用他們的巨腕和中國交涉，而首當其衝者，是李鴻章，假使世界大勢不是如此，李鴻章也許可以做個安分守己的大臣，所以我們要了解李鴻章的全體，非明白他的背景不可，而且背景非擴充到世界不可，這種責任，不是專傳的責任，非年譜出來擔負不可。

實際的政治家，在政治上做了許多事業，是功是罪，後人自有種種不同的批評，我們史家不必問他的功罪，只須把他活動的經歷，設施的實況，很詳細而具體的記載下來，便已是盡了我們的責任，譬如王安石變法，同時許多人都攻他的新法，要不得，我們不必問誰是誰非，但把新法的內容，和行新法以後的影響，並把王安石用意的誠摯，和用人的茫昧，一一翔實的敍述，讀者自然能明白王安石和新法的好壞，不致附和別人的批評，最可笑的是宋史王安石傳，他不能寫出王安石和新法的眞相，只記述些新法的惡果和反對的呼聲，使得後人個個都說王安石的不好，最可嘉的是蔡上翔王荆公年譜，他雖然爲的是要替王安石辯護，卻不是專拿空話奉承王安石，他只把從前舊法的種種條文，新法的種種條文，一款一款的分列，使得讀者有個比較，他只把王安石所用的人的行爲，攻擊王安石的人的言論，一件一件的分列，使得讀者明白不是變法的不好，乃是用人的不好，像這樣纔是史家的態度，做政治家的年譜，對於時事的敍述，便應該這樣纔對。

上面幾段講的是純粹政治家的年譜做法。此外還有一種政治兼學問學問兼政治的人。我們若替他做年譜。對於時事的記載或許可以簡略點。但須斟酌。譬如王陽明是一個大學者。和時事的關係也不淺。但因爲他的學問的光芒太大。直把功業蓋住了。所以時事較不爲做他的年譜者所重。其實我們爲了解他成功的原因起見。固然不能不說明白他的學問。爲了解他治學的方法起見。也不能不記清楚他的功業。因爲他的學問就是從功業中得來。而他的功業也從他的學問做出。二者有相互的關係。所以他的年譜。對於當時大事和他自己做出的事業。都得斟酌著錄。

錢竹汀年譜頗能令人滿意。因爲錢竹汀和時事沒有多大關係。所以年譜記時事很簡。自然沒有什麼不對。王懋竑的朱子年譜記時事卻太詳細了。朱子雖然做了許多官。但除了彈劾韓侂胄一事之外。沒有做出什麼大事。也沒有受時事的大影響。所以有許多奏疏也實在不必枉費筆墨記載上去。因爲大半是照例。和時局無關係。這種介在可詳可略之間。最須費斟酌。稍爲失中便不對。

文學家和時勢的關係有濃有淡。須要依照濃淡來定記時事的詳略。這是年譜學的原則。但有時不依原則也有別的用處。譬如凌廷堪張穆的元遺山年譜。記載時事很詳。其實元遺山和時事並沒有多大關係。本來不必這樣詳。凌張以爲讀元遺山的詩和讀杜甫的詩一樣。非了解時事則不能了解詩。其實錯了。但從別一方面看。金元之間正史簡陋的很。林張以元遺山做中心。從詩句裏鈎出許多湮沈的史料。放在年譜內。雖然不合原則。倒也有一種好處。

不善體會上面說的詳略原則。有時會生出過詳過略的毛病。譬如張爾田的玉谿生年譜箋註記載時事極爲詳盡。只因他的看法不同。他以爲李義山做詩全有寄託。都不是無所爲而爲。這實不能得我們的贊成。誠然。人們生於亂世。免不了有些身世之感。張氏的看法。也有相當的價値。但是我們細看李義山的詩。實在有許多是純文學的作品。並非所有感觸。所有寄託。張氏的箋註時事。不免有許多穿鑿附會的地方。

我們應該觀察譜主是怎樣的人。和時事有何等的關係。纔可以定年譜裏時事的成分和種類。不但須注意多少詳略的調劑。而且須注意大小輕重的敍述。總期恰乎其當。使讀者不嫌繁贅。而又無遺憾。那就好了。

（二）關於記載當時的人

個人是全社會的一員。個人的行動。不能離社會而獨立。我們要看一個人的價値。不能不注意和他有關係的人。年譜由家譜變成。一般人做年譜。也很注意譜主的家族。家族以外。師友生徒親故。都不爲做年譜的人所注意。這實在是一般年譜的缺點。比較最好的。是馮辰的李恕谷年譜。因爲他根據的是李恕谷的日譜。所以對於李恕谷所交往的人。都有紀載。我們看了。一面可以知道李恕谷成就學問的原因。一面可以知道顏李學派發展的狀況。實在令人滿意。曾文正公年譜可不行。因爲曾國藩的關係人太多。作者的眼光只知集中到直接有關係的人。自然不足以見曾國藩的偉大。

翻回來。再看王陽明年譜。我們因爲王陽明的學問和他的朋友門生有分不開的關係。所以很想知道那些朋友門生某年生。某年纔見王陽明。往後成就如何。錢德洪等做年譜。只把所聞所知的記了一點。卻忽略了大多數。實在令我們失望。王懋竑的朱子年譜也是一樣。朱熹到底有多少門生。他所造就的人才後來如何。我們全在不能在上面知道。像朱王這類以造就人才爲事業的人。我們替他們做年譜。對於他們的門生屬吏友朋親故。應該特別注意。記載那些人的事蹟。愈詳愈好。

尋常的年譜紀載別人的事蹟。總是以其與譜主有直接的關係爲主。（如詩文的贈答。會面的酬酢。）若無直接的關係。人事雖大也不入格。其實不對。例如朱子年譜記了呂伯恭張南軒陸梭山的死。只因朱子做了祭文祭他們。陸象山死在何年。上面便查不出。只因朱子不曾做祭文祭他。作者的觀念以爲和譜主沒有直接的關係。便不應該記。其實年譜的體裁並不應該這樣拘束。張呂二陸都是當時講學的大師。說起和朱子的關係。最密切的還是陸象山。但我們竟不能在朱子年譜看到陸象山的死年。這是何等的遺憾。

從年譜的歷史看。明朝以前。記時人較略。清中葉以後漸漸較詳了。張穆的顧亭林年譜便是一個例證。王文誥的蘇東坡年譜又更好一點。凡蘇詩蘇文所提到的人都有。而且略有考證。近時胡適的章實齋年譜。記事固然有些錯誤。記人卻還好。他除了零碎的記了譜主師友的事蹟以外。單提出戴震袁枚汪中三個可以代表當時思想家的人來和譜主比較。就在各人卒年。摘述譜主批評各人的話。而再加以批評。批評雖不是年譜的正軌。但可旁襯出譜主在當時的地位。總算年譜的新法門。

老實說。從前做年譜太過拘束了。譜主文集沒有提起的人。雖曾和譜主交往。而不知年分的人。都不曾佔得年譜的篇幅。我們現在儘可用三種體裁來調劑。和譜主關係最密切的。可以替他做一篇小傳。和譜主有關係而事蹟不多的。可各隨他的性質彙集分類做一種人名別錄。姓名可考事蹟無聞而曾和譜主交際的。可以分別做人名索引。凡是替大學者大政治家做年譜。非有這三種體裁附在後面不可。

好像史記做了孔子世家之後又做仲尼弟子列傳。列傳後面有許多人都只有姓名而無事蹟。但司馬遷不因他們無事蹟而滅其姓名．朱熹王守仁的弟子可考的尚不少．我們從各文集和史書學案裏常常有所發現．若抄輯下來．用上面三種體裁做好．附在他們年譜後面．也可以彌補缺憾不少．

我自己做朱舜水年譜．把和朱舜水交往的人都記得很詳細．那些人名．日本人聽得爛熟．中國卻很面生．因爲朱舜水是開創日本近二百年文化的人．當時就已造就人才不少．我們要了解他的影響的大．須看他的朋友弟子．跟著他活動的情形．雖然那些人的史料很缺乏．但我仍很想努力搜求．預備替他們做些小傳．像朱舜水一類的人．專以造就人才爲目的．雖然所造就的是外國人．但和我們仍有密切的關係．在他年譜記當時人當然愈詳愈好．

(三)關於紀載文章

紀載譜主文章的標準．要看年譜體裁是獨立的．還是附見的．附見文集的年譜．不應載文章．獨立成書的年譜．非載重要的文章不可．重要不重要之間．又很成問題．

王陽明年譜關於這點．比較的令人滿意．因爲他雖在文集中而已預備獨立．有關功業的奏疏．發揮學術的信札．很扼要的採入各年．獨立的年譜很可拿此譜做記載文章的標準．

王懋竑的朱子年譜不錄正式的著作．而錄了許多奏疏序跋書札．政治非朱子所長．政治的文章卻太多．學術是朱子所重．學術的文章卻太少．在王懋竑的意思．以爲把學術的文章放在年譜後的論學切要語中便已够了．不必多錄．論學切要語的編法固然不錯．但沒有注清楚做文的年分．使得讀者不知孰先孰後．看不出思想遷流的狀態．不如把論學的文章放入年譜還更好．性理大全朱子全集都依文章的性質分類．沒有先後的次序。王陽明編朱子晚年定論。說朱子晚年的見解和陸子一致。已開出以年分的先後看思想的遷流一條大路來。雖然王陽明所認爲朱子晚年的作品也有些不是晚年的。但大致尙不差。王懋竑攻擊王陽明的不是。卻不曾拿出健全的反證來。朱子年譜載的文章雖不少。但還不能詳盡。總算一件缺憾。

記載文章的體例。顧亭林年譜最好。整篇的文章並沒有採錄多少。卻在每年敍事既完之後。附載那年所做詩文的篇目。文集沒有別處已見的遺篇逸文。知道是那一年的也記錄出來。文體既很簡潔。又使讀者得依目錄而知文章的先後。看文集時。有莫大的方便。這種方法很可仿用。篇目太多。不能分列各年之下。可另作一表附在年譜後。

文學家的方面不止一種。作品也不一律。替文學家做年譜的人不應偏取一方面的作品。像蘇東坡年譜只載詩文的篇目。沒有一語提到詞。便是不對。作者以爲詞是小道。不應入年譜。其實蘇東坡的作品。詞佔第一位。詩文還比不上。卽使說詞不如詩文。也應該平等的紀載篇目。或摘錄佳篇。現行的蘇東坡年譜不紀及詞。實在是一大缺點。

曾國藩是事業家。但他的文章也很好。卽使他沒有事業。單有文章。也可以入文苑傳。我們很希望他的年譜紀載他的文章詩句。或詩文的篇目。現行的曾文正公年譜。我嫌他載官樣的文章太多。載信札和別的文章太少。好文章儘多著。如李恕谷墓誌銘昭忠祠記等。應該多錄。卻未注意。

純文學家的年譜祇能錄作品的目錄。不能詳錄作品。最多也祇能摘最好的作品記載一二。若錄多了。就變成集子。不是年譜的體裁了。玉谿生年譜箋註錄了許多詩篇。作者以爲那些詩都和譜主的生活有關。不能不錄全文。結果名為年譜。實際成了編年體的詩註。就算做得很好。也祇是年譜的別裁。不是年譜的正格。有志做年譜的人們。還是審愼點好。

(四)關於考證

當然有許多年譜不必要考證。或是子孫替父祖做。或是門生替師長做。親見親聞的事原無多大的疑誤。如王陽明顏習齋李恕谷等年譜都屬此類。不過常常有作者和譜主相差的時代太久。不能不費考證的工夫的。又有因前人做的年譜錯了而改做的。也不能不有考證的明文。

考證的工夫本來是任何年譜所不免的。但有的可以不必寫出考證的明文。祇寫出考證的結果便已足。若為使人明白所以然起見。卻很有寫出考證的明文的必要。所以明文應該擺在什麼地方。很值得我們考慮。

據王懋竑朱子年譜的辦法。在年譜之外另做一部考異。說明白某事為什麼擺在某年。兩種傳說。那種是眞。年譜的正文。並不隔雜一句題外的話。看起來倒很方便。還有一種很普通的辦法。把考證的話附在正文中。或用夾注。或低二格。另有一種辦法。把前人做的年譜原文照抄。遇有錯誤處。則加按語說明。好像劄記體一樣。張穆對於元遺山年譜便是用的第三種。

前面三種辦法各有好處。第一種因為考證之文太多。令人看去覺得厭倦。所以另成一書。既可備參考。又可省讀年譜者的精神。第二種可使讀者當時即知某事的異說和去取的由來。免得另看考異的麻煩。兩種都可用。大概考證多的可另作考異。不十分多的可用夾注或低格的附文。但其中也有點例外。有些年譜根本就靠考證纔成立。無論是創作或改作。他的考證雖很繁雜。也不能不分列在年譜各年之下。如作孟子年譜。年代便很難確定。如果要定某事在某年。便不能離本文而另作考異。必同時寫出考證的明文。說明爲什麼如此敍述。纔不惹人疑惑。而後本文纔可成立。假如孟子先到齊或先到梁的問題。沒有解決。許多事情便不能安插。全部組織便無從成立。經過了考證。把問題解決了。若不把考證隨寫在下。便不能得讀者的信仰。又如我做陶淵明的年譜。把他的年紀縮短。生年移後。和歷來的說法都不同。假使不是考證淸楚了。何必要改作。考證淸楚了。若不開頭說個明白。讀者誰不丟開不看。像這類自然不能另作考異。亦不能作夾注。只好低二格附在各年本文之後。至於第三種也有他的好處。因爲前人做的不十分錯。原無改作的必要。爲省麻煩起見。隨時發現錯誤。隨時考證一番。加上按語。那便夠了。

大概考證的工夫。年代愈古愈重要。替近代人如曾國藩之類做年譜。用不着多少考證。乃至替淸初人如顧炎武之類做年譜。亦不要多有考證。但隨事說明幾句便是。或詳或略之間。隨作者針對事實之大小而決定。本來不拘一格的。

（五）關於批評

本來做歷史的正則。無論那一門。都應據事直書。不必多下批評。一定要下批評。已是第二流的脚色。譬如做傳。但描寫這個人的眞相。不下一句斷語。而能令讀者自然了解這個人地位或價值。那纔算是史才。做傳如此。做年譜也如此。眞是著述名家。都應守此正則。有時爲讀者的方便起見。或對於譜主有特別的看法。批評幾句也不要緊。但一般人每亂用批評。在年譜家比較的還少。現在拿兩部有批評的年譜來講。一是蔡上翔的王荆公年譜。一是胡適之的章實齋年譜。

與其用自己的批評，不如用前人的批評。年譜家常常如此，但亦不能嚴守此例。蔡上翔引人的話很多，用自己的話尤其多。胡適之有好幾處對舊說下批評，固然各人有各人的見解，但我總覺得不對，而且不是做年譜的正軌。蔡上翔爲的是打官司，替王安石辯護，要駁正舊說的誣蔑，也許可邀我們的原諒，但批評的字句應該和本文分開，不該插入紀事的中間。蔡胡都沒有顧及這點，以文章的結構論，很不純粹。如果他們把自己的見解做成敍文或做附錄，專門批評譜主的一切，那麼，縱使篇幅多到和年譜相等，也不相妨了。

蔡上翔替王安石辯護的意思固然很好，但是他的作品卻不大高明。他把別人罵王安石的文章錄上了，隨即便大發議論，說別人的不對。這實在不是方法。我以爲最好是詳盡的敍述新法的內容，某年行某法，某年發生什麼影響，某年惹起某人的攻擊，便夠了。自己對於攻擊者的反駁，儘可作爲附錄，不可插入本文。凡是替大學者大政治家做年譜，認爲有做批評的必要時，都應該遵守這個原則。

（六）關於附錄

上面講的考證和批評，我都主張放在附錄裏面。其實附錄不止這兩種，凡是不能放進年譜正文的資料，都可占附錄的一部分。

要知道譜主的全體，單從生年敍到死年，還不夠。他生前的家況，先世的系統，父母兄弟的行事，……與其旁文斜出，分在各年下，不如在正譜之前，作一個世譜。王陽明年譜的世德紀，便是世譜的一種格式。因爲王陽明的父祖都是有名的學者，做官也做到很大，年壽又高，並不是死在王陽明的生前，假使把他們的行事插入年譜，一定覺得累贅，所以作者抄錄別人替他們做的傳和墓誌銘在一處，作爲年譜的附錄。雖然世德紀裏面載了不少非世德的文章有點名不副實。但這種不把附錄當正文的方法總是可取。譬如陸象山幾兄弟都是大學者。互相師友。假使我們做陸象山的年譜。其關於他的兄弟行事。與其插入正文不如另做小傳放在前面。這種世譜和小傳之類。我們也可叫做「譜前」

譜主死後。一般的年譜。多半就沒有記載了。其實不對。固然有些人死後絕無影響。但無影響的人。我們何必給他做年譜呢。卽使說沒有影響吧。也總有門生子姪之類。後來做了什麼事。那也總不能擺在年譜正文中。若譜主是政治家。他的政治影響一定不致跟他的生命而停止。若譜主是大學者。他的學風一定不致跟他的生命而衰歇。還有一種人生前偏和時勢沒有關係。死後若干年卻發生何等的影響。所以如果年譜自譜主死後便無什麼紀載。一定看不出譜主的全體。因而貶損年譜本身的價值。錢德洪等似乎很明白這點。他們的王陽明年譜在譜主死後還有二卷之多。陽明學派的盛行。全是陽明弟子的努力。陽明的得謚和從祀孔廟也靠許多友生的懇求。假使年譜不載陽明死後事。如何見得陽明的偉大。陽明年譜能稱佳作。這也是一個原因。但他不應仍稱死後事爲年譜。應該稱做「譜後」。做爲附錄的一種纔對。

我們根據這點去看王懋竑的朱子年譜。便很不滿意。因爲他敍到朱子死年便停止了。我們要想知道朱子學派的發達。學術的影響。是不可能的。同一理由。假使我們做釋伽牟尼年譜。尤其要很用心的做譜後。凡是佛教各派的分化。傳播。變遷。反響。都不妨擇要敍入。不必年年有。不必怕篇幅多。甚至紀載到最近也沒有什麼不可以。

在上面的原則中也似乎有例外。譬如曾文正年譜沒有譜後便沒有什麼要緊。因爲他的事業。生前都做完了。

政治上的設施也沒有極大的影響。縱使有譜後，也不妨簡略些。若做胡文忠年譜，便不然。因爲他和曾文正聯結許多同志想滅亡太平天國，沒有成功就死了。後來那些同志卒能成他之志，同志的成功也就是他的成功。所以他的年譜譜後至少要記到克復江寧。

我做朱舜水年譜，在他死後還記了若干條，那是萬不可少的。他是明朝的遺臣，一心想驅逐滿清，後半世寄住日本，死在日本。他曾數說過滿人不出關，他的靈柩不願回中國。他自己製好耐久不朽的靈柩，預備將來可以搬回中國。果然那靈柩的生命比滿清還長，至今尚在日本。假使我們要去搬回來，也算償了他的志願哩。我看清了這點，所以在年譜後記了太平天國的起滅和辛亥革命，宣統帝遜位。因爲到了清朝覆滅，朱舜水的志願纔算償了。假如這年譜在清朝做，是做不完的。假如年譜沒有譜後，是不能成佳作的。

此外有一種附錄，可以稱做「雜事」的，是劉伯繩著劉蕺山年譜所創造的。後來焦廷琥的焦理堂年譜也倣做。劉伯繩因爲譜主有許多事蹟不能以年分，或不知在那一年，如普通有規則的行事，瑣屑而足顯眞性的言論等，都彙輯做附錄。邵廷采批評他，拿本文紀大德敦化的事，附錄紀小德川流的事，眞是毫無遺憾。從前的年譜遇著無年可歸的事，不是丟開不錄，便是勉強納在某年。結果，不是隱沒譜主的眞相，便是不合年譜的體裁。劉伯繩卻能打破這種毛病，注意前人所不注意的地方，創造新法來容納譜主的雜事，使得讀者既明白譜主的大體，又了解譜主的小節。這種體裁，無論何人的年譜都可適用。

其次，譜主的文章和嘉言懿行，也可作附錄。文章言論很簡單的，可以分列各年。很繁多的，可以抄輯做附錄。大學者的文章言論，常常不是年譜所能盡載的。爲求年譜的簡明起見，非別作附錄不可。所以王懋竑在朱子年譜之後附了朱子論學切要語。這種方法可以通用。

張穆做顧亭林年譜雖然很好。我們卻看不出顧亭林和旁人不同之處何在。只因他要讀者先看了本集再看年譜。所以沒有附錄譜主的重要文章和言論。其實讀者那能都看本集。或許時間不夠。或許財力不足。若能單看年譜便了解譜主生平。豈不更好。所以爲便利讀者起見。作年譜必附錄譜主的主要文章和言論。尤其是學者的年譜。

批評方面的話。或入本文。或附譜末。均無不可。但爲年譜的簡明起見。自然以作附錄爲好。偉大的人物。每惹起後人的批評。或褒或貶。愈偉大的愈多。如王安石王守仁死了千數百年。至今還有人批評他們的好歹。倘使批評者確有特殊的見解。或能代表一部分人的意思。我們非附錄他的話不可。因爲若不附錄批評。不但不能看出後人對譜主的感想。而且不足以見譜主的偉大。但有一點不可不注意。千萬不要偏重一方面的批評。單錄褒或單錄貶。

以上講的種種附錄。當然不能說詳盡。作者若明白年譜可多作附錄的原則。儘可創造新的體裁。附錄愈多。年譜愈乾淨。

從前作年譜太呆。單靠本文。想包括一切。前清中葉以後。著述的技術漸漸進步。關於上文講的六種——紀載的時事。時人文章和考證。批評。附錄——都有新的發明。我們參合前人的發明。再加研究。還可以創造種種的新體例。新方法。

丙　年譜的格式

年譜的格式也得附帶的講一講。司馬遷做年表本來參照周譜的旁行斜上。周譜今不可見，史記年表是有縱橫的格子的。年譜由年表變來。因爲有時一年的事太多。一個格子不够用。所以纔索性不要格子。替古人做年譜。因爲事少的原故還是用格子好。如孫詒讓作墨子年表附在墨子閒詁之後。蘇輿作董仲舒年表附在春秋繁露之前。都帶有年譜的性質。

假使要作孟子年譜。因爲當時有關係的不止一國。勢不能不用格子。橫格第一層記西曆紀元前幾年或民國紀元前幾年。第二層記孟子幾歲。第三層記孟子直接的活動。第四層以下各層分記鄒魯滕梁齊燕各國和孟子有關的時事。使得讀者一目了然。

假使杜甫年譜。最少也要把時事和他的詩和他的活動分佔一格。併起年代共有五格。因爲杜甫時事。和曾國藩時事不同。曾國藩的活動和時事併成一片。杜甫的活動。只受時事的影響。所以一個的年譜不應分格。一個的應分格。假使杜甫年譜不分格。不但讀者看了不清楚。而且體裁上也有喧賓奪主之嫌。

假使我們要改張穆的顧亭林年譜成年表的格式也許可以較清楚些。除了年代以外。一格記時事。一格記直接活動。一格記朋友有關的活動。一格記詩文目錄。因爲這四種在這年譜中剛好是同樣的多。併做一起。反爲看不清楚。

所以年譜可以分格的人有二種。一種是古代事蹟很簡單的人。一種是杜甫顧炎武朱之瑜一類關心時事的人。前者不必論。因爲他本身不能獨立成一年譜。只好年表似的附在別書裏。後者因爲譜主只受了政治的影響。沒有創造政治的事實。倘把時事和他的活動混合。一定兩敗俱傷。倘分開。既可醒讀者的眼目。又可表現譜主受了時事的影響。——這是講年譜分格的格式。

第二種格式就是最通行的年譜正格做文章似的，一年一年做下去。敘事的體例可分二種。一種是最簡單的平敘體。一種是稍嚴格的綱目體。

平敘體以一年爲單位，第一行頂格，寫某朝某年號某年譜主幾歲。第二行以下都低一格，分段寫譜主的直接活動，時事，詩文目錄，他的好處在有一事便記一事，沒有取大略小的毛病。

綱目體是王陽明年譜首創的。第一行和平敘體相同。第二行也低一格，標一個很大的綱。第三行以下低二格，記這個綱所涵的細目。譬如綱記了某月某日宸濠反，目便記宸濠造反的詳情，綱記了是年始揭知行合一之敎，目便記知行合一的意義。一事完了，又重新作別事的綱，繼續記別事的目，也分別低一格二格。這種體例有一種困難，到底要多大的事情纔可作綱，有綱無目，有目無綱，可以不可以，很要費斟酌，弄的不好，容易專記大事，忽略小事。假使大事小事都有綱有目，又不相稱。但我仍主張用這體，使得讀者較容易清楚。但作者須用心斟酌。

此外假使有一種人，有作年譜的必要，而年代不能確定，無法做很齊整的年譜，就可以作變體的，如司馬遷很值得做年譜，而某年生，有幾十歲，絕對的考不出，只有些事蹟還可考知是某年做的，某事在先，某事在後，雖然不能完全知道他的生平，記出來也比沒有較好。王國維的太史公繫年考略便是如此。

像司馬遷一類的人很多，文學家如辛棄疾姜夔都沒有正確完整的遺事。辛棄疾的史料還可勉強考出，對於姜夔可沒有辦法，但是他們的詞集中，有不少的零碎事蹟，鈎稽出來，也略可推定先後。這種人的年譜，雖然做起來無首無尾．也還可借以看他生平的一部分．所以變體的年譜也不可廢．

還有一種合譜．前人沒有這樣做過．合傳的範圍可以很廣．事業時代都可不必相同．所以前人已經做過很多．年譜若合二人的生平在一書內．最少也要二人的時代相同．我們看從前有許多人同在一個環境同做一種事業．與其替他們各做一部年譜．不如併成一部．可以省了許多筆墨和讀者的精神．譬如王安石司馬光年紀只差一歲．都是政黨的領袖．皇帝同是這一個．百姓同是這一些．敵國同是金夏．官職同是最高．不過政治上的主張不同．所以一進一退．演成新派舊派之爭．我們若拿他二人做譜主．盡搜兩黨的活動事蹟在一部年譜之內．看了何等明瞭．何等暢快．從前作者不曾想到這種體裁．所以蔡上翔只做王荊公年譜．顧棟高只做司馬溫公年譜．我們仍舊只能得片面的知識．

凡同在一時代．大家是朋友．講求學術．見解不同．生出數家派別．如南宋的朱熹陸九淵張栻呂祖謙陳亮等．我們若做一部合譜．一來．可以包括一時的學界情形．二來．公平的敍述．不致有所偏袒．三來．時事時人免得做數次的記載．這是最有趣味．最合方法的事情．

就說不是學術界罷．曾國藩胡林翼同是從軍事上想滅太平天國的人．雖然一個成功．一個早死．也可以替他們合做年譜．因爲他們的志願相同．環境相同．朋友相同．敵人相同．合做一年譜比分做方便多了．

就說不曾共事．不是朋友罷．也未嘗不可合做年譜．譬如顧炎武王夫之黃宗羲朱之瑜等．或曾見面．或未知名．雖然不是親密的朋友．雖然不曾協力做一事．但是不願投降滿清的志願和行事是沒有一個不同的．他們的年紀都是不相上下．都因無力恢復明室．想從學術下手．挽救人心．我們若替他們合做年譜．不但可以省了記載時事的筆墨，而且可以表現當時同一的學風，可以格外的了解他們的人格。

上面所舉朱陸張呂陳一例，曾胡一例，顧王黃朱一例，做起合譜來，最有趣味。他們的事業在歷史上都是最有精彩的一頁，所以他們的合譜也是最有精彩的年譜。他們的見解相反的足以相成，他們的志願相同的竟能如願，他們的足跡不相接的卻造出同一的學風，百世之下讀他們的合譜的還可以興起特別的感想，領受莫大的稗益。這樣合譜的功效比單人的年譜還更高些。——以上講年譜的格式完了。

丁　做年譜的益處

研究歷史的人在沒有做歷史之先，想訓練自己做史的本領，最好是找一二古人的年譜來做。做年譜的好處最少有三種。

第一，我們心裏總有一二古人值得崇拜或模範的，無論是學者，文人，或政治家，他總有他的成功的原因、經過、和結果。我們想從他的遺文或記他的史籍，在凌亂浩瀚中得親切的了解，系統的認識，是不容易的。倘使下一番工夫，替他做年譜，那麼，對於他一生的環境、背景、事蹟、著作、性情等，可以整個的看出，毫無遺憾。從這上，又可以得深微的感動，不知不覺的發揚志氣，向上努力。

第二，做年譜不是很容易的事情，但我們可借來修養做學問的性情，可用來訓練做歷史的方法。我們纔一動筆，便有許多複雜的問題跟著，想去解決，不是驟然可了的。解決不了，便覺乾燥無味，稍不耐煩，便丟下不做了。倘使這幾層難關都能夠打通，則精細、忍耐、靈敏、勇敢諸美德齊歸作者身上。以後做別的學問，也有同樣的成功了。譜主的事蹟，不是羅列在一處的，我們必須從許多處去找。找來了，不是都可以用的，我們必須選擇擇好了不是都是眞實的我們必須辨別辨淸了不是都有年代的我們必須考證考定了不是可以隨便寫上去的我們必須用簡潔的文字按照法則去敍述至於無年可考的事蹟言論怎樣去安排幫助正譜的圖表怎樣去製造譜前應從何時說起譜後應到何時截止種種困難都須想方法解決倘使不能解決便做不成年譜倘使做成了年譜以後做別的歷史便容易多了

第三年譜和傳不同做傳不僅須要史學還要有相當的文章技術做年譜卻有史學便夠了因爲年譜分年上年和下年不必連串年譜分段上段和下段不必連串所以卽使作者的文章並不優美只要通順便綽綽有餘了

有志史學的人請來嘗試嘗試罷

第六章 專傳的做法

專傳在人物的專史裏是最重要的一部分歷史所以演成有二種不同的解釋一種是人物由環境產生一種是人類的自由意志創造環境前人總是說歷史是偉大人物造成近人總是說偉大人物是環境的胎兒兩說都有充分的理由而不能完全解釋歷史的成因我們主張折衷兩說人物固然不能脫離環境的關係而歷史也未必不是人類自由意志所創造歷史上的偉大人物倘使換了一個環境成就自然不同無論何時何國的歷史倘使抽出最主要的人物不知做成一個甚麼樣子所以我們作史對於偉大人物的自由意志和當時此地的環境都不可忽略或偏重偏輕

中國人的中國史由那些人物造成因爲抽出他來中國史立刻變換面目的人約莫有多少倘使我們做中國通史而用紀傳體做一百篇傳來包括全部歷史配做一傳的人是那一百個——我們如要答復這些問題不能不有詳細的討論。

南宋鄭樵似乎曾有偉大計畫以通志代替十七史但是沒有成功除了二十略以外看的人便很少了他爲什麼失敗只因他太不注意紀傳了我們翻通志的紀傳看看和十七史的有何分別那裏有點別識心裁讀者怎麼不會「寧習本書怠窺新錄」其實我們要做那種事業並非不可能只要用新體裁做傳傳不必多而必須可以代表一部分文化再做些圖表來輔助新史一定有很大的價值。

我常常發一種希奇的思想主張先把中國全部文化約莫分爲三部

(一)思想及其他學說

(二)政治及其他事業

(三)文學及其他藝術

以這三部包括全部文化每部找幾十個代表人每人給他做一篇傳這些代表須有永久的價値最少可代表一個時代的一種文化三部雖分精神仍要互相照顧各傳雖分同類的仍要自成系統這樣完全以人物做中心若做的好可以包括中國全部文化在一百篇傳內。

這種方法也有缺點就是恐怕有時找不出代表來第一上古的文化幾乎沒有人可以做代表的因爲都是許多人慢慢的開發出來雖然古史留下不少的神話人物如黃帝堯舜大禹伊尹等但都是口說中堆垛出來的

實在並不能代表一部分文化，所以我們要想在上古找幾個人代表某種文化是絕對不可能的。第二，中古以後，常有種種文化是多數人的共業，多數人中沒有一個領袖，譬如詩經是周朝許多無名氏做作品，在文化史上極有價值，但我們找不出一個可以做代表的人來，若因孔子曾刪詩就舉他做代表，未免太鹵莽。又如淮南子是道家思想的結晶，在秦漢文化中佔有很重要的位置，但我們也找不出一個人做代表，若說是劉安編輯的書就舉他做代表，也未免不明事理，所以我們對於這種許多人的共業，眞是不易敘述。

上段講的缺點，第一種竟不能用人物傳，只好參用文物的專史，做一篇上古的文化，敘述各種文化的最初狀況。第二種卻可用紀傳史中儒林傳文苑傳黨錮傳的體裁，把許多人平等的敘述在一篇合傳，如詩經不知作者姓名，則可分成若干類，即叫他「某類的作者」，合起多類便可成一傳，便可包括此種文化。

我很希望做中國史的人有這種工作——以一百人代表全部文化，以專傳體改造通志，試試看，一定有很大的趣味，而且給讀者以最清楚的知識。這種做法並也沒有多大奧妙，只把各部文化都分別歸到百人身上，以一人做一代的中心，同時同類的事情和前後有關的事情都擺在一傳內，一傳常可包括數百年，我們即使不去改造通志，單做一部百傑傳，也未嘗不可。

說起這種體裁的好處，最少也有二種。第一，譬如哲學書或哲學史，不是專家看來，必難發生趣味。假使不做哲學史而做哲學家傳，把深奧的道理雜在平常的事實中，讀者一定不覺困難而且發生趣味，因為可以同時知道那時的許多事情，和這種哲學怎樣的來歷，發生怎樣的結果，自然能夠感覺哲學和人事的關係，增加不少的常識。哲學如此，旁的方面無不如此。專門人物普通化，專門知識普通化，可以喚起多數讀者研究學問的精神注重歷史的觀念。

第二事業都是人做出來的所以歷史上有許多事體用年代或地方或性質支配都有講不通的若集中到一二人身上用一條線貫串很散漫的事蹟讀者一定容易理會譬如鮮卑到中原的種種事實編年體的資治通鑑不能使我們明瞭紀事本末把整個的事團分成數部也很難提挈鮮卑人全部的趨勢假使我們拿鮮卑人到中原以後發達到最高時的人物做代表——如魏孝文帝——替他做一篇傳凡是鮮卑民族最初的狀況侵入中國的經過漸漸同化的趨勢孝文帝同化政策的厲行以及最後的結果都一齊收羅在內就叫做魏孝文帝傳那麼讀者若還不能得極明瞭的觀念我便不相信了。

我相信用這種新的專傳體裁做一百篇傳儘能包括中國全部文化的歷史現在姑且把值得我們替他做傳的人開個目錄出來依文化的性質分為三部但還一時思想所及自然不免有遺漏或不妥的地方待將來修補罷。

（一）思想家及其他學術家

（1）先秦時代孔子、墨子、孟子、莊子、荀子、韓非子、

為什麼沒有老子呢因為老子帶神話性太濃司馬遷已經沒有法子同他做詳確的傳我們還能够麼老子這部書在思想史上固然有相當位置但不知是誰做的我們只好擺在莊子傳裏附講因為他的思想和莊子相近這種確是一個方法書雖重要而未知作者只好把他的思想歸納到同派之人身上纔不會遺漏

（2）漢代董仲舒、司馬遷、王充、

西漢的淮南子雖是道家最重要的書，但非一人的作品，不能做專傳，或者可以另做道家合傳，或者可以附這種思想在莊子傳後。

（3）三國兩晉南北朝隋。

這個時代幾乎沒有偉大的中國思想家。魏王弼的思想似乎有點價值，但他的事蹟很少，不够做傳。隋代的中說倘使眞是王通做的，在周隋那種變亂時代有那種思想總算難能可貴，但其中大半是敍王通和隋唐闊人來往的事。闊人都是王通的門生，儼然孔門氣象，其實都不可靠。假使這種話是王通說的，王通是個卑鄙荒謬的人；假使這種話是王通門人說謊，這部中說便根本沒有價值，所以中說雖和思想界有點關係，而王通還不值得做傳。

（4）北宋張載、程顥程頤合。

專傳也並不是很呆板的拿一人作主，也可平敍二人，參用合傳的體裁。程顥程頤是兄弟，有分不開的關係，又不能偏重一人，所以只好平敍。爲什麼北宋又沒有周敦頤呢？周敦頤雖宋儒最推重的人，但他的太極圖說是眞是僞，在宋代已成問題，除了太極圖說又沒有旁的可講，怎麼能代表一種學派呢？

（5）南宋朱熹、陸九淵、呂祖謙。

（6）明代王守仁。

元代只衍宋儒的學說，沒有特出的人才。明代的思想家委實不少，但因爲王守仁太偉大了，前人的思想似乎替他打先鋒，後人的思想都不能出他的範圍，所以明代有他一個人的傳便儘夠包括全部思想界。

（7）清代顧炎武、黃宗羲、朱之瑜、顏元、戴震、章學誠。

顧黃是清代兩種學風的開山祖師。或分做二傳，或合爲一傳，都可以。朱之瑜的影響雖然不在中國，但以中國人而傳播中國思想到日本，開發日本三百年來的文化，是很值得做專傳的。

——以上列的思想家都是中國土產。若能夠好好的替他們做傳，很可以代表中國土產的思想。雖然各時代的人數有多有少，卻幷不是說人多的便是文化程度高，人少的便是文化程度低。一來呢，略古詳今是歷史上的原則。二來呢，有的時代思想的派別太複雜了，不是人多不能代表。所以宋清兩代的人數比較的多。是無法可想的。明代雖只王守仁一人，卻已儘夠代表一代，並不是明代的文化比宋清兩代低。驟然看來，似乎中間有幾個時代中國沒有一個思想家，其實不然。上面的目錄不過爲敍述的方便起見，先開出土產的思想家來，其實還有重要的部分擺在後面，便是從印度來的佛家思想。當土產思想衰歇的時代，正是佛家思想昌盛的時代。如三國兩晉南北朝隋唐都是。現在可以把那些時代的思想家列在下面。

（1）南北朝鳩摩羅什、道安、慧遠合。

鳩摩羅什是最初有系統的輸入佛家思想的第一人。從前雖有些人翻譯些佛經，但很雜亂零碎。到了他纔能舉嚴格的選擇，完整的介紹。他的門弟子很多，都繼續他的翻譯事業。從此以後，中國人對於佛家思想纔能夠有眞實的認識和研究。到了道安慧遠，便能自己拿出心得來。一個在北朝，一個在南朝，又有師生的關係，所以非合傳不可。我們拿鳩摩羅什代表翻譯者，拿道安慧遠代表創造者，有這二傳可以包括南北朝的佛家思想界。

(2)隋唐。智顗、玄奘、慧能、澄觀、善道。

這五人中。玄奘完成輸入印度佛家思想的偉業。餘人創造中國的佛家思想。智顗是天台宗的始祖。慧能是禪宗的始祖。澄觀是華嚴宗的始祖。善道是淨土宗的始祖。同樣玄奘也是法相宗的始祖。不過後來不久就衰歇了。這幾派的思想內容和後來狀況。都可在各始祖傳內敘述。——佛家思想有這八人做代表。足以包括全部。在印度時的淵源如何。初入中國時的狀況如何。中國人如何承受。如何消化。如何創造新的。如何分裂爲幾派。一直到現在怎麼樣。都分別歸納在這八人身上。諒必沒有甚麼遺憾了。

正式的思想家有上面所列的數十人似已夠了。此外還有許多學術也可依性質分別。拿些人做代表。合做幾篇傳。不過比較的難一些。

(1)經學。鄭玄許愼合。

(2)史學。劉知幾鄭樵合。

爲甚麼章學誠不擺在史學家而在思想家呢。因爲他的思想確乎可以自成一派。比史學的建樹還更大。並不是單純的史學家。劉知幾鄭樵卻不然。除了史學。別無可講。史學界又沒有比得他倆上的人。所以拿他們做史學家的代表。

(3)科學。秦九韶李冶合。沈括郭守敬合。梅文鼎王錫闡合。

(4)考證學。錢大昕王念孫合。

爲甚麼戴震不在考證學之列呢．因爲他的思想很重要．和章學誠相同．

——正式的思想界較易舉出代表各種學術可不容易．尤其是自然科學．這裏所舉的未必都對．將來可以換改．

(二)政治家及其他事業家

(1)皇帝秦始皇、漢武帝、東漢光武帝、魏武帝(曹操)宋武帝合．北魏孝文帝、北周孝文帝附．唐太宗元太祖．明太祖．明成祖附．清聖祖、清世宗高宗附．

春秋戰國以前的政治不統屬於一尊頗難以一傳包括．縱使能夠．也不是君主所能代表．況且當時沒有皇帝．漢高祖雖然創立數百年基礎．而政治上的規模完全還是秦始皇這一套．沒有專做一傳的價值．漢武帝卻不同．確是另一個新時代．秦始皇是混一中國舊有民族的人．他是合併域外民族開拓荒遠土地的人．到了他那時代．中華民族．漲到空前的最高潮．實在值得做一篇傳．東漢光武帝在皇帝中最稀奇．簡直是一個實際的政治家．魏武帝宋武帝是混爭時代的略有建樹者．北魏孝文帝北周孝文帝是五胡同化於中國的促成者．唐太宗是擴張中華民族威力的努力者．惟獨宋代沒有特色的皇帝．太祖太宗眞宗仁宗都只有庸德．無甚光彩．元太祖是蒙古民族的怪傑．他伸巨掌橫亘歐亞二洲．開世界空前絕後的局面．明太祖恢復中國．清聖祖等開拓蒙回藏．這些皇帝都可以代表一個時代．

(2)實際的政治家．周公、子產、商鞅、諸葛亮、王安石司馬光合．張居正、曾國藩胡林翼合．李鴻章、孫文、蔡鍔、周公雖有許多事蹟。卻不全眞。有待考證。但割棄疑僞部分。專取眞實部分也可以够做一篇傳。尚書裏有大誥洛誥多士多方是周公的遺政。詩經也有些。儀禮周禮向來認做周公制定的。其實不然。周代開國的規模還可以從左傳國語得著些。近來王國維著殷周制度論從甲骨文和東周制度推定某種制度是周公制定的。也可供我們取裁。所以周公的傳還可以做。凡殷周以前政治上的設施都可歸併成一篇。

春秋時代很難找個政治家可以代表全部政治的。管仲似乎可以。而管子這書所載的政治有許多和左傳不同。但那種貴族政治又不能不有專篇敍述。我說與其找管仲做代表。不如找子產更好。因爲子產本身的事蹟。左傳敍的很明白詳細。他雖然是小國的政治領袖。而和各大小國都有很深的關係又是當時國際間的外交中心人物。所以我們很可以借他的傳來敍述春秋時代的貴族政治。

從貴族政治到君主專制的政治是中國的一大改變。最初打破貴族政治。創造君主專制的是商鞅。所以商鞅很值得做傳。本來。要說君主專制政治的成功。還屬李斯。似乎應該替李斯做傳。但李斯的政策是跟商鞅走的。時代又和秦始皇相同。所以可把他的事業分給那二篇傳。

漢朝眞寒儉。沒有一個政治家。宰相以下不曾見一個有政治思想或政治事業的人。蕭何曹參都只配做李斯的長班。好在有二個偉大的皇帝。尤其是光武帝的穩健政治。簡直沒有別的皇帝可以比配得上。

兩晉南北朝隋唐也沒有政治家。王猛可以算一個。而他的政治生命太短。又不能做當時政治的中心。

大概有偉大的皇帝就沒有出色的臣下。譬如房玄齡杜如晦總算有點設施。卻被唐太宗的光芒蓋住。不能做時代的中心。唐朝一代的政治本來很糟。姚崇宋璟裴度李德裕都算不了什麼。宋朝卻剛好相反。皇帝不行。臣

下卻有很鮮明的兩個政黨兩黨的領袖就是王安石司馬光所以我們替王安石司馬光做合傳足以包括宋朝的政治

明代有種特點思想家只一王守仁事業家只有一明太祖政治家只有一張居正

清代前半有皇帝無名臣道光以後有大臣無英主曾國藩打平內亂李鴻章迭主外交都可以代表一部分政治

民國的醞釀成立變動沒有幾次和孫文無關係現在孫文雖死而他所組織的國民黨仍舊是政治的中心所以近代政治可以歸納在孫文傳內中間有一部分和他無關可以做蔡鍔傳來包括但蔡鍔做時代中心的時期太短不十分夠

——上面講的都是關係全局的政治或事業家此外有些雖不是拿全局活動而後來在政治上有很大影響的如

鄭成功張煌言

二人支持晚明殘局抵抗外來民族和後來的辛亥革命有密切的關係我們可以替他們做合傳包括明清之間的民族競爭

(3)羣衆政治運動的領袖陳東張溥合

東漢黨錮是羣衆政治運動的嚆矢但很難舉出代表來可以放在陳東張溥合傳前頭陳東代表宋朝張溥代表明朝足以表現數千年羣衆的政治運動

（4）民族向外發展的領袖。張騫班超合。王玄策鄭和合。

張班王都是通西域的。鄭和是下南洋的。關係民族發展甚大。後來無數華僑繁殖國外。東西文化交換無阻。西北拓地數十萬方里。都是受他們的賜。此外。如衛青霍去病史萬歲李靖的戰功本來也值得做傳。不過衛霍可入漢武帝傳。史李可入唐太宗傳。無須另做。

（二）文學家及其他藝術家

最古的文學家應推詩三百篇的作者。但我們竟不能找出一個作者的姓名來。戰國作離騷等篇的屈原。確乎是有名的第一個文學家。但他的事蹟不多。眞實的尤少。我們爲方便起見。不能不勉强的做篇屈原傳以歸納上古文學。所以

（1）文學。戰國。屈原。

漢賦。司馬相如。

三國五言詩。曹植。建安餘六子附。

六朝五言詩。陶潛。謝靈運附。

六朝駢文律詩。庾信。徐陵附。

唐詩。李白。杜甫。高適王維附。

唐詩文。韓愈柳宗元合。

唐新體詩。白居易。

晚唐近體詩。李商隱、溫庭筠。

五代詞。南唐後主。

北宋詩、文、詞。歐陽修。蘇軾。黃庭堅附。

北宋詞。柳永。秦觀。周邦彥。

北宋女文學家。李清照。

南宋詞。辛棄疾。姜夔合。

元明曲。王實甫。高則誠。湯顯祖合。

元明清小說。施耐庵。曹雪芹。

這不過把某種文學到了最高潮的那個人列出表來。做傳的時候。能不能代表那種文學的全部。尚不可知。臨時或增或改。不必一定遵守這個目錄。

(2)藝術家

藝術家很重要。但很難做傳。因爲文學家遺留了著作。或文集。可以供給我們的資料。藝術家的作品。常常散亡。不能供給我們以資料。這是一層。某種藝術的最高潮固然容易找出。但最高潮的那個人。未必就能代表那種藝術。這是二層。藝術的派別最繁雜。非對於各種藝術都有很深的研究。便不能分析得清楚。這是三層。因此有許多藝術家。幾乎不能做傳。能夠做傳的也不能獨佔一專傳。以代表一種藝術。到了這裏。普通的史家差不多不敢動手。一人的專傳差不多不合體裁。大約要對於藝術很擅場的人。把各個藝術家的作品事蹟。研究得很清楚。以科學的史家的眼光。文學家的手腕。挑剔幾十個出色的藝術家。依其類別。做兩篇合傳。纔可以把藝術界的歷史描寫明白這樣。也是很有趣味的事情但作者非內行不可。

上面講的思想家政治家文學家三大類都是挑剔幾十個第一流人物來做傳。此外還有許多第二流的經學家史學家理學家科學家。文學家。醫學家。繪畫家雕刻家和工藝的創作者。因其不十分偉大的緣故。不能專佔一傳因其派別不統屬於任何人的緣故不能附入某傳專傳之技術。至此幾窮但我們不妨採用紀傳史的儒林傳文苑傳方技傳的體裁搜羅同類的人合成一傳以補專傳的缺憾。

像這樣。以幾十篇專傳做主輔以幾十篇合傳。去改造鄭樵的通志。或做成中國百傑傳。可以比別的體裁都較好但做得不精嚴時也許比通志還糟。這個全看作者的天才和努力。

接著本來想把專傳的做法拈出幾個原則來講。卻很不容易現在倒回來。先講我多年想做的幾篇傳如何做法。然後也許可以抽出原則來。那幾篇傳的目錄如左。

(一)孔子傳。

(二)玄奘傳。

(三)王安石傳司馬光附。(以下四傳略而未講)

(四)蘇軾傳。

(五)王守仁傳。

(六)清聖祖傳。

這幾篇的做法各有特點。講出來很可給大家以一個榜樣。現在依照次序。先講孔子專傳的做法。

甲　孔子傳的做法

孔子是中國文化唯一的代表。應有極詳極眞的傳。這是不用說的。但我們要做孔子專傳。比做甚麼都難。歐洲方面有法人 Renan 做了一本耶穌基督傳。竟使歐洲思想界發生極大影響而糾正了許多謬誤的思想。中國現在極需要這樣一篇孔子傳。也可以發生同樣效果。許多人的傳很難於找資料。孔子傳卻嫌資料太多。那方面都有。古代人物稍出色點。便有許多神話附在他身上。中國人物沒有再比孔子大的。所以孔子的神話也特別的多。做孔子傳的頭一步是別擇資料。資料可分二部。一部分是孔子一身行事平常每日的生活。屬於行的方面的。一部分是孔子的學說。屬於言的方面的。二部都要很嚴格的別擇。因爲都有神話。都有僞蹟。孔子一身所經的歷史。最可信的似乎是史記孔子世家。不過細細看來。到底有十分之一可信否。尙是疑問。另外孔子家語全記孔子。但是魏晉間僞書。其中採取漢以前的書不少。似乎雖是僞書。不無可取。不過孔子死後不數年便已有種種神話。所以漢以前的書已採神話當實事。若認眞替孔子做傳。可以做底本的孔子世家孔子家語都不可靠。所以關於孔子行的方面的資料的別擇很難。

採取資料的原則。與其貪多而失眞。不如極謹嚴。眞可信纔信。無處不用懷疑的態度。淸崔述著洙泗考信錄。把關於孔子的神話和僞蹟都一一的剔開。只保留眞實可靠的數十事。雖然未免太謹嚴。或致遺漏眞蹟。但我們應當如此。只要眼光銳利。眞蹟被屏的一定少。僞蹟混眞的一定可以被屏。

崔述採取資料．專以論語爲標準．左傳孟子有關於孔子的話也相當的擇用．這種態度．大體很對．但一方面嫌他的範圍太窄．一方面又嫌太寬了．怎麼說他太窄呢．因爲論語以記言爲主．很少記事．就是鄉黨篇多記了點事．也只是日常行事．不是一生經過．像崔述那樣專靠論語．不採他書．實在太缺乏資料了．這種地方本來也很困難．放寬點範圍便會鬧亂子．所以崔述寧可縮小範圍．譬如論語以外．兩部禮記也記了孔子許多事．到底那一種可採．那一種不可採．各人有各人的看法．崔述既然以論語做標準．看見和論語相同或不背謬的便採用．否則完全不要．這樣．不免有些眞事沒有採用．又如孟子那部書關於孔子的話．是否可以和論語一樣看待．還是問題．孔子死後百餘年而孟子生．又數十年而荀子生．論理．孟子荀子同是儒家大師．同是孔子後學．二人相隔年代並不遠．所說的話應該同樣的看待．崔述看重孟子．看輕荀子．洙泗考信錄取孟而棄荀．未免主觀太重罷．即使以論語爲標準．也應該同等的看待論語以外的書．如孟子荀子禮記等．纔不致有範圍太狹窄的毛病．

爲甚麼說崔述採取資料的範圍太寬呢．譬如他以論語爲主．而論語本身便已有許多地方不可輕信．他自己亦說過論語後五篇很靠不住．但是他對於五篇以外諸篇和左傳孟子等書．常常用自己的意見採取．凡說孔子好的都不放棄．也未免有危險．固然有許多故意誣衊孔子的話應該排斥．但也有許多故意恭維孔子．誇張孔子的話．常常因爲投合大家的心理而被相信是千眞萬確．這種．我們應該很鄭重的別擇．若有了一種成見．以爲孔子一定是如此的人．決不致那樣．某書說他那樣．所以某書不足信．這就範圍太寬的毛病．

現在舉三個例．證明有許多資料不可靠．譬如論語說．「公山弗擾以費叛．召．子欲往．子路不說．……子曰．「夫召我者．而豈徒哉．如有用我者．吾其爲東周乎．」從前都很相信孔子眞有這回事．其實公山弗擾不過一個縣令他所以反叛。正因孔子要打倒軍閥。孔子那時正做司寇。立刻派兵平賊。那裏會丟了現任司法總長不做。去跟縣令造反。還說甚麼「吾其爲東周。」又如論語陽貨篇說「佛肸召子欲往。……」佛肸以中牟叛趙襄子是孔子死後五年的事。孔子如何能夠欲往。又如論語季氏篇說「季氏將伐顓臾冉有子路問於孔子……」子路做季氏宰是孔子做司寇時事。冉有做季氏宰是孔子晚年自衞返魯時事。如何會同時仕於季氏。這三例都是崔述考出來的。可見我們別擇資料應該極端慎重。與其豐富。不如簡潔。

但是別擇以後。眞的要了。僞的如何處置呢。難道只圖傳文的乾淨。不要的便丟開不管嗎。如果丟開不管。最少有二種惡果。一。可以使貪多務博的人又檢起我們不要的資料當做寶貝。二。可以使相傳的神話漸漸湮沒。因而缺少一種可以考見當時社會心理或狀態的資料。所以我以爲做完孔子傳以後。應當另做附錄。附錄也不是全收被屏的資料。只把神話分成若干類。每類各舉若干例。列個目錄。推究他的來歷。這樣一面可以使一般人知道那些材料不可靠。一面又可以推測造神話者的心理。追尋當時社會的心理。

許多神話的一種是戰國政客造的。那些縱橫遊說之士全爲自己個人權利地位着想。朝秦暮楚。無所不至。孟子時代已有那種風氣。後來更甚。他們因爲自己的行爲不足以見信於世。想借一個古人做擋箭牌。所以造出些和他們行爲相同的故事來。如漢書儒林傳說「孔子奸七十餘君。」論語說「公山弗擾召。」「佛肸召。」都是這類。這對於孔子的人格和幾千年的人心都很有關係。從來替孔子辯護的人枉費了不少的心思。勉強去解釋。攻擊孔子的人集矢到這點。說孔子很卑鄙。其實那裏有這會事呢。完全是縱橫家弄的把戲。

孔子神話的另一種是法家造出來的。法家刻薄寡恩。閉塞民智。因恐有人反對。所以造出孔子殺少正卯一類的故事來孔子世家說．「孔子攝行相事．誅魯大夫亂政者少正卯」孔子家語說．少正卯的罪名是「心逆而險．行僻而堅．言僞而辯．記醜而博．順非而澤」其實孔子攝相是夾谷會齊時做定公的賓相並不是後人所謂宰相．並沒有殺大夫的權限．況且孔子殺少正卯的罪名和太公殺華士．子產殺史何完全一樣．這種故事．不是法家拿來做擋箭牌．預備別人攻擊他們刻薄時．說一聲「太公子產孔子都已如此」還是什麼呢．

從戰國末年到漢代．許多學者不做身心修養的工夫．專做些很瑣屑的訓詁考證．要想一般人看重他們這派學問．不能不借重孔子．於是又有一種神話出現．這已是第三種了．他們因爲論語有「大哉孔子．博學而無所成名」的話．就造出許多孔子博學的故事．後來有一種荒謬的觀念說「一物不知．儒者之恥」全因誤信孔子神話的緣故．譬如國語說．「吳伐越．墮會稽．獲骨焉．節專車」本不足怪．也許那時發現了古代獸骨．但孔子決不會知道是甚麼骨．因爲他不是考古家．那上面卻說孔子知道是防風氏的骨．當大禹大會諸侯於會稽時．防風氏後至．大禹把他殺了．另外還有一部書說．孔子和顏回登泰山．遠望閶門．比賽眼力．顏回看了半天．纔認清那裏有一個人．孔子卻一看就知道那人還騎了馬．二人下山．顏回精神委靡．頭髮頓白．不久便死了．孔子卻沒有什麼．這一大段絕對非科學的話．也絕對非孔子的學風．自然是後來一般以博爲貴的人所造的謠言．故意附在孔子身上．諸如此類．尚不止只有這三例．我們非辨清不可．

因此．我主張做孔子傳在正文以外．應作附錄或考異．考異還不很對．以附錄爲最合宜．我們把上面這類神話搜集起來．分部研究．辨別他從何產生．說明他不是孔子眞相．剩下那眞的部分放進傳裏．那就可貴了．

神話撇開了．還有孔子學說的眞相．要想求得全眞．好好的敘述出來．也實在困難．工作的時候．應分二種步驟．

(一)揀取可入傳文的資料。

(二)整齊那些資料分出條理來。

關於第一項頭一步。就是六經(卽六藝)和孔子有無關係。要不要入傳。自漢以來。都稱孔子刪詩書定禮樂贊易作春秋內中贊易及作春秋尤爲要緊。因爲這二種帶的哲學尤重。詩和書。我不相信孔子刪過。縱有關係也不大。儀禮。決不是周公制定的。許有一部分是通行的。經孔子的審定。另一部分是孔子著作。樂沒有書了。也許當時是譜。和孔子卻有密切的關係。論語。「子曰。吾自衞返魯。然後樂正。」樂是孔子正定的可知。史記。「詩三百篇。孔子皆絃而歌之。」從前的詩。一部分能歌。一部分不能。到孔子「皆絃而歌之。」就是造了樂譜。援詩入樂。論語。「子於是日哭。則不歌。」那麼孔子不哭這天一定要歌了。「子與人歌而善。必使反之。而後和之。」別人唱的好。他老先生還要他再來一次。還要和唱。可見興趣之濃了。從這類地方看來。大概孔子和樂確有關係。易。關係尤深。其中講哲理的地方很多。卦辭爻辭發生在孔子以前。不必講。說卦雜卦序卦。後人考定不是孔子作的。彖象。大家都說是孔子作的。無人否認。剩下的繫辭文言。或全是孔子或一部分是孔子作。假使易內這二種全是孔子所作。那麼大的範圍。應佔孔子傳料的第一部。論語倒要退居第二部。但是我個人看來。這樣很不妥當。繫辭文言說話太不直率。輾轉敷陳。連篇累牘。不如論語的質樸。最早當在孔子孟子之間。大概是孔門後學所述。我們要作孔子傳。不能不下斷語。繫辭文言裏面很多「子曰。」假如有「子曰」的是孔子說的。沒有「子曰」的又是誰作的呢。假如有「子曰」的也不是孔子說的。那又是何人作的呢。我個人主張。那都是孔門後所述。剩下的春秋。司馬遷董仲舒都很注意。以爲孔子有微言大義在裏面。孔子講內聖外王之道。易講內聖春秋講外王他自己也說「其義則丘竊取之矣」春秋的義到底是甚麼東西後來解義的公羊傳穀梁傳左氏傳春秋繁露到底那書可信或都可信可信的程度有多少很是問題宋王安石卻一味抹殺說春秋是斷爛朝報和今日的政府公報一樣沒甚麼意義這且不管左氏傳晚出最少解春秋這部分是後來添上去的公羊傳穀梁傳大同小異經師說是全由孔子口授下來的爲甚麼又有大同小異呢所以這些微言大義是否眞是孔子傳出還是董仲舒何休等造謠都是問題縱使不是他們造謠而他們自己也說是口頭相傳到西漢中葉纔寫出文字的那麼有沒有錯誤呢有沒有加添呢我們相信他到什麼程度呢——關於這些問題（作孔子傳選取六經的問題）各人觀察不同所取的問題必各不同一種人相信繫辭文言左傳公羊傳穀梁傳都和孔子沒有關係只有論語的大部分可信其餘一概抹殺這是崔東壁的態度未免太窄了些還有一種人不管「牛溲馬渤敗鼓之皮」凡是相傳是和孔子有關的書都相信這自然太濫了不應該若是我作孔子傳認易的彖象是孔子作的繫辭文言是孔門後學作的認春秋的公羊傳有一部分是孔家所有一部分是後儒所加如何辨別也無標準只好憑忠實的主觀武斷認詩書是孔子教人的課本認禮樂同孔子有密切的關係孔子和六經的關係既已確定就可分別擇取入傳了

六經以外有許多傳記我們拿什麼做標準去揀取傳料呢我以爲論語的前十篇乃至前十五篇是揀料的標準其餘各書關於孔子的紀載沒有衝突的可取有的不取這最可靠論語以外孟子荀子繫辭文言有許多「子曰」「子曰」以下的話完全可認爲孔子說的但若依孫星衍的話那些「子曰」以下的文章互相矛盾的地方也很多到底是孔子所講還是孔門所講很難確定只好拿論語前十五篇做標準去測量所以凡是各

種傳記關於孔子的記載都要分等第。崔東壁把論語也分成三等。前十篇第一。中五篇第二。後五篇第三。第四等纔是繫辭文言。這是很對的。

禮記也有很充分的資料可入孔子傳。我們可錄下來。細心審查。那章那句同論語相同相近。那章那句和論語不同相遠。這樣可以互相發明可以得眞確傳料。據我看禮記裏「子曰」以下的話。可以和無「子曰」的話同樣看待。繫辭文言裏「子曰」以下的話亦是一樣。都是孔門後學所追述儒家哲學所衍出也許孔子的確說過這種話。後儒由簡衍繁。或以己意解釋。若說的和孔子本意不甚相遠。雖然不是孔子親口說的最少也可認爲孔子學派的主張同樣的例證佛家對於佛說也常常和禮記繫辭的子曰一樣。大藏六千卷中有五千卷都說「如是我聞佛說」那不必一定都是佛說的佛家有一句話「依法不依人」眞是釋迦牟尼說的話固須相信。就是佛門弟子或後人說的。而又不曾違背佛說。也可相信。我們對於儒家的態度亦應如此。繫辭文言孟子荀子禮記乃至莊子等書。引孔子。解孔子。都是孔子學說的資料。我們可以拿來分別等第。什麼是基本的。什麼是補充的。補充的以不違背基本的爲主。

關於孔子傳的第一問題——揀取可入傳文的資料的問題——上文已經解決了。怎樣整齊那些資料分出條理來呢。換句話說。就是怎樣組織這篇文章呢。這就歸到第二問題了。我們旣以論語爲擇料的標準。那麼應該把孔子的學說找出幾個特色來。這個不單靠史才。還要很精明的學識。最少要能夠全部了解孔子。到底要如何纔能把孔子全部學說的綱領揭出來。我另在儒家哲學上面講過了。這裏從略。今天只講別擇資料的方法。其實作孔子傳的最困難處也在別擇資料。至於組織成文。如何敘時代背景。如何敘孔子來源。如何敘孔門宗派.這無論敘甚麼大學者都是一樣.大概諸君都能知道.現在也不講了.

乙　玄奘傳的做法

凡作一專傳.無論如何.必先擬定著述的目的.製好全篇的綱領.然後跟着做去.一個綱領中.又可分爲若干部.先有綱領.全篇的精神纔可集中到一點.一切資料纔有歸宿的地方.拿幾個綱領去駕馭許多資料.自然感覺繁難.尤其是著偉大人物的傳.事蹟異常的多.和各方面都有關係.作者常常有顧此失彼的苦楚.但是事蹟越多.著作越難.綱領也跟著越需要.

玄奘是一個偉大的人.他的事蹟和關係也異常的複雜.所以作他的傳.尤其需要綱領.主要的綱領可定爲二個.

(一)他在中國學術上偉大的貢獻.

(二)他個人留下偉大的曦範.

如何纔能够把這兩綱領都寫出.這又不能不分細目.關於第一個綱領的細目是.

(1)他所做的學問在全國的地位如何.

(2)他以前和同時的學術狀況如何.

(3)他努力工作的經過如何.

(4)他的影響在當時和後世如何.

關於第二個綱領的細目是.

(1)他少年時代的修養和預備如何。
(2)他壯年後實際的活動如何——某時期如何某一部份如何。
(3)他平常起居狀況瑣屑言行如何。

像這樣在二個綱領內又分七個細目把各種資料分別處置或詳或略或增或減或細目中又分細目一定很容易駕馭資料而且使讀者一目了然無論作何人的傳都應該如此。

玄奘是中國第一流學者決不居第二流以下但是幾千年來沒有幾個人知道他的偉大最知道的只有做聖教序的唐太宗其次卻輪到做西遊記的人說來可氣又可笑士大夫不知玄奘孺子婦人倒知道有唐三藏新唐書舊唐書都有方技傳方技傳都有玄奘傳但都不過百餘字方技傳本來就沒有幾個人看百餘字平平淡淡的玄奘傳更沒有人注意了。

佛教輸入中原以後禪宗佔領了全部領土十之七天台宗佔了十之二剩下的十之一就是各宗合併的總量不用說玄奘的法相宗不過這十分之一的幾分之幾了所以從一般人的眼光看來玄奘的地位遠在慧能智顗之下其實我們若用科學精神誠實的研究佛教法相宗的創造者是玄奘翻譯佛教經典最好最多的是玄奘提倡佛教最用力的是玄奘中國的佛教若祇舉一人作代表我怕除了玄奘再難找第二個我們想做一個人的傳把全部佛教說明若問那個最方便我敢說沒有誰在玄奘上面的如何借玄奘傳說明中國佛教的發達史就是做玄奘傳的主要目的。

玄奘是中國人跑到印度去留學留學印度的在他以前不止一個但是留學生能有最大成功的一直到今日。

不惟空前，而且絕後。他臨回國的前幾年，在印度佛教裏，是第一個大師。他的先生戒賢是世親的大弟子，他又是戒賢的大弟子，繼承衣鉢，旁的弟子都趕不上他——他是中國留學印度的學生中空前絕後的成功者。繙譯佛教經典，他以前也並不是沒有人，但一到他手裏，一個人竟譯了一千六百餘卷，而且又還改正了許多前人譯本的錯誤，規定了許多繙譯佛經的條例，在譯學上開了一個新的局面和永久的規模。教理上他承受印度佛教的正脈，開中國法相宗的宗派，在世界佛教史中國佛教史都佔極重要的位置——合起上面三種事業來看，他在學術上的貢獻何等偉大，他在學術上的地位何等重要。

關於這幾樣，說明了以後，頭一樣，佛教教理的變遷和發展，從釋迦牟尼到玄奘的經過如何，應該跟著敍述。我們知道中唐晚唐之間，回回入印度，開學術會，一把無情火把佛教第一二流大師都燒成灰燼，佛教從此衰落。這時上距玄奘回國不過百餘年，可見玄奘留學印度的時候，佛教剛好極盛，所以不但說明中國佛教全體可在他的傳裏，就是印度佛教全體也在他的傳裏說明。也沒有甚麼不可，就退一步說，玄奘傳最少也要簡單敍述佛滅後千餘年佛教發展和衰落移轉的情形。關於這點，可看玄奘所著異部宗輪論。那書講佛教自佛滅後到大乘之興，分二十宗派，全書組織分二部，一，上座部，二，大衆部，說明佛滅後百餘年，佛門分了這二派，上座部是老輩，大衆部是青年，後來又先後由此二派分出二十小宗派，後來又由此二十小派分出大乘各派。大乘崛起，把原來二十派都認做小乘，精神性質漸漸日見殊異。我們所以能了解當日那種情形，全靠玄奘那部異部宗輪論。自宋元明到清末，一般研究佛教的人，都能注意到這點。我們要認眞知道佛教全部變遷的眞相，非從小乘研究大乘的來源不可。所以作玄奘傳，起首應將佛滅以後的各宗派簡單說明。

其次。須說明大乘初起。在印度最有力的有二派。一龍樹。這派稱法性宗。二世親這派稱法相宗。更須說二派的異同。和小乘又有甚麼分別。像這樣。在簡單敍述小乘二十派之後。略詳細的敍述大乘然後觀察玄奘在各派中所佔的地位。他是大乘法相宗的大師。須要鄭重的說明。若不說明。不知他的價值。

在這裏頭。可以附帶講玄奘以前各派輸入中國的情形。以前的人雖然不如玄奘的偉大。但若沒有他們。也許沒有玄奘。譬如鳩摩羅什自然是玄奘以前第一偉大的人。他是法性宗。生在玄奘前二百多年。那時法相宗纔萌芽所以他譯了許多主要經典卻沒有譯法相宗的一部。但從他起中國纔有系統的翻譯。許多主要經典到此時已輸入中國。所以我們把印度佛教流派說明以後。應該另做一章說明佛教輸入中國的情形。就借此把玄奘以前的譯經事業籠統包括在裏。

說起玄奘以前的譯經事業。最早起於何時。很多異說。據我的考定。實始於東漢桓帝靈帝間。略和馬融鄭玄時代相當前人相傳東漢明帝時已有譯經其實不可信那時佛教雖早已輸入——西漢哀帝時秦景憲已從大月氏王使者伊存口受浮屠經。東漢明帝時楚王英已齋戒祀佛。——但不過有個人的信仰。而沒有經典的翻譯。桓靈間安清支讖纔從安息月支來中國。人嚴佛調纔幫助他們翻譯佛經。自此以後。續譯不絕。而所譯多是短篇雜亂無章。見一種就譯一種。不必一定是名著。不必一定有頭尾。而且譯意的是外國人——或印度或西域——並不深懂中國文字。筆述的雖是中國人。而未必是學者。最多能通文理而已。對於佛教教理又不很懂。所以有許多譯本都免不了資料的無選擇和意義的有誤解二種毛病。這是漢末三國西晉譯界的普遍現象。雖已譯了許多經典而沒有得到系統的知識。可以叫他「譯經事業第一期」。

一到第二期便有個鳩摩羅什。鳩摩羅什的父親是印度人。母親是龜茲人。以當時論固屬外國。以現在論也可說他一半是中國人。在他那時候。譯經事業已有進步。他雖生長外國。卻能說中國話。讀中國書。詩也做得很好。外國人做中國詩他是最先第一個。他的文章。富有詞藻。選擇資料。又有系統。論起譯經的卷帙。鳩摩羅什雖不及玄奘。論起譯經的範圍。玄奘卻不及鳩摩羅什。從前沒有譯論的。到鳩摩羅什纔譯幾種很有價值的論。從前大乘在中國不很有人了解。到鳩摩羅什纔確實成立大乘。中國譯經事業。除了玄奘。就輪到了他。

玄奘叫做三藏法師。從前譯書的大師都叫三藏。爲甚麼這樣叫。沒有法子考證。大概三藏的意思和四庫相等。稱某人爲三藏。許是因某人很博學。中國的三藏在玄奘以前都是外國人。中國人稱三藏。從玄奘起。以後雖有幾個。實在不大配稱。從鳩摩羅什到玄奘的幾位三藏。卻可大略的敍述幾句。然後落筆到玄奘身上。——說明譯經事業。就此停止。

但玄奘以前和同時的中國學術狀況。卻還要敍述一段。教理的研究。在鳩摩羅什幾乎沒有一點條理。比較的有專門研究的。是小乘毗曇宗。乃上座部的主要宗派。在鳩摩羅什以後。法性宗——即三論宗——大盛。三論宗之名。因鳩氏譯三論而起。三論爲何。中論百論十二門論。是後來又譯了一部大智度論。合稱四論。經的方論。鳩氏又譯了維摩詰小品放光般若妙法蓮華大集。從此他的門徒大弘龍樹派的大乘教義。一直到現在。三論宗還是很盛。這派專講智慧。和法相宗不同。法相宗從六朝末到隋唐之間。在印度已很興盛。漸漸傳入中國。最主要的攝大乘論已由眞諦譯出。中國法相宗遂起。（法相宗又曰攝論宗。即由攝大乘論省稱。）只因爲譯本太少。又名詞複雜。意義含糊。讀者多不明白。玄奘生當此時。篤好此派。在國內歷訪攝論宗各大師請敎。都不能滿意。所以發願心到印度去問學。而一生事業。遂由此決定。

我們作傳時。應有一節說明玄奘以前的攝論宗大勢如何。有多少大師。有沒有小派。有甚麼意味。有多大價值。纔能夠把玄奘出國留學的動機襯出。他出國前曾經受業的先生和曾經旁聽的先輩。固然全部很難考出。但重要的幾個卻很可以考出來。初傳攝論宗到中國來的眞諦。玄奘已不及見了。眞諦的弟子。玄奘見過不少。不可不費些考證工夫。搜出資料來。

現存的大慈恩寺三藏法師傳十卷。凡八萬餘字。是玄奘弟子慧立所做。在古今所有名人譜傳中。價值應推第一。然而我們所以主張要改做。別的緣故固然多。就是他只敍玄奘個人切身的事蹟。而不敍玄奘以前的佛教狀況。多收玄奘的奏疏。唐太宗高宗的詔旨。而不收玄奘和當時國內大師討論的言辭。也已很令我們不滿意。我們作傳。在第一章說明玄奘在學術界的貢獻和地位以後。第二章就應當如前數段所論。說明玄奘以前。佛教教理的變遷和發展。小乘大乘法性法相的異同。各派輸入中國的先後和盛衰。譯經事業的萌芽和發達。法相宗初入中國的幼稚。玄奘的不安於現狀。像這樣。把玄奘留學的動機成學的背景說了一個清楚。然後纔可敍到玄奘傳的本文。到此纔可敍他少時怎樣。出國以前。到了什麼地方。訪了什麼人。說了什麼話。做了什麼事。一切用普通傳記的做法。

自此以下。就進了第三章。要說明玄奘努力工作的經過。在印度如何求學。回中國如何譯經。

三藏法師傳很可惜未用日記體。年代很不清楚。要想把玄奘在印度十七年歷年行事嚴格規定。實在很難。然而根據裏面說的。在某處住了若干天。在某路走了若干月。在某寺學了若干年。約略推定。也不是不可能。這節最須特別描寫的就是玄奘亡命出國．萬里孤苦的困難危險．能够寫得越生動越好．

大唐西域記是玄奘親手做的地理書體例很嚴．若是他曾經到過的地方．就用「至」字或「到」字．若沒到過就用「有」字．

最可恨的印度人講學問．對於時間空間的觀念太麻木．所以我們要想從印度書裏窺探玄奘所到的地方和所經的年代實在沒有法子．好在西洋人近來研究印度史和佛教史．發明了許多地圖史蹟．我們很可拿來利用．

三藏法師傳．大唐西域記二書．一面敍玄奘遊學的勤勞堅苦．一面述西域印度的地理歷史．在世界文化上的貢獻極大．一直到現在．不但研究佛教史的人都要借重他．就是研究世界史的人也認爲寶庫．所以我們可以根據這二書．參考西洋人的著作．先把玄奘遊學的路線詳細記載．把佛教在西域印度地理的分佈情形整理出一個系統來．然後下文敍事纔越加明白．

以後一節．須述當時印度佛教形勢．上文第二章已經敍述佛教的變遷和發展．是注重歷史方面的．而對於當時的情形較簡單些．這裏說明佛教形勢．是注重地理方面．對於當時應該特別詳細．第一須說明玄奘本師在當時佛教的地位．

玄奘見戒賢時．戒賢已八十九歲了．他說．「我早已知道你來了．忍死等你．」這個故事許是迷信．然亦未嘗不可能．後來戒賢教了玄奘三年．又看他講法二年．到九十五歲纔死．無論是否神話．戒賢在當日印度佛教的地位實在最高．

戒賢住持的寺叫那爛陀。那爛陀的歷史和地位也得講淸。（後來回敎徒坑殺佛敎徒也就在這個寺。）義淨的大唐西域求法高僧傳記這寺的內容很詳細。西洋人和日本人考出他的地址。發掘出來。再參考他書。還可證明他的規模很大。分科很細。是印度全國最高的研究院。戒賢當日在裏面是首席敎授。最後二年。玄奘也是首席敎授。這種史料和中間那幾位大師的史料。西洋文字日本文字比較中國文字多得多。我們須得說明了這段。纔可講玄奘留學時所做的工作。

玄奘自己站在法相宗的範圍內。一生爲法相宗盡力。但毫無黨派觀念。只認法相宗爲最進步的宗派。而不入主出奴。排斥異宗。那時那爛陀是法相宗的大本營。法相宗正在全盛時代。戒賢多年不講法了。這回卻特別爲玄奘開講三年。玄奘精神上感受的深刻。可想而知。但玄奘並不拘泥在一派之內。無論在何異宗。任何異敎。只要有名師開講座。他都跑去旁聽。大乘各派。小乘各派。乃至外道。他都虛心研究。

那時印度風行一種學術辯論會。很像中國打擂擡。許多闊人國王大地主。常常募款做這類事。若是請的大師打勝了。就引爲極榮譽的事。時間長到幾個月。當玄奘在印度最後的幾年。六派外道最佔勢力。勝論大師順世最有名。最厲害。跑到那爛陀來論難。說輸了便砍頭。那時他寺的佛徒給他打敗的已有好許多。所以他特來惹戒賢。戒賢不理他。叫玄奘去跟他論辯。幾個月工夫。駁得順世外道無言可說。只好自己認輸。便要砍頭。玄奘不讓他砍。他便請玄奘收他做奴僕。玄奘不肯。只收他做學生。卻又跟他請敎。他又不肯。結果就在晚上談論。幾個月工夫。又給玄奘學淸楚了勝論。

像這種精神。玄奘是很豐富的。他是佛敎大乘法相宗。不錯。但做學問卻大公無我。什麼都學。所以纔能夠成就他的偉大。他遊印度共費了十九年。他足跡所經有六千萬里。所爲的是甚麼。只爲的求學問。像這幾種地方。我們作傳應該用重筆寫。

玄奘最後兩三年在印度佛教的地位高極了。闊極了。竟代替了戒賢當那爛陀寺的首席教授。有一回。兩國同時請他去講演。甲國要他先去。乙國也要他先去。幾乎要動刀兵了。結果鳩摩羅王戒日王來調停。都加入。就在那兩國邊界上開大會。到會的有十八國王。各國大小乘僧三千餘人。那爛陀寺僧千餘人。婆羅門和尼乾外道二千餘人。設寶牀。請玄奘坐。做論主。玄奘講他自己做的眞唯識量頌。稱揚大乘。叫弟子再讀給大衆聽。另外寫一本懸會場外。說若裏邊有一字沒有道理。有人能破的。請斬我的首以謝。這樣經過十八日。沒有一個人能難。那些地主和聽衆都異常高興。戒日王甚至請玄奘騎象周遊各國。說中國大師沒有人敢打。除上列各大事外。玄奘在印度還做了許多有價值的事。我們應該多搜材料。好好的安置傳裏。——這是講在印度工作的話。

他回國以後。全部的生活完全花在宣傳佛教。主要的事業十九都是翻譯佛經。他是貞觀元年出國的。到貞觀十七年纔起程回國。次年到了于闐。途中失了些經典。又費了八月工夫補鈔。到十九年正月二十四日纔到長安。他出國是偷關越境的。很辛苦。回來可十分闊綽。他一到于闐就上書唐太宗。告訴他將回國。剛好唐太宗征高麗去了。西京留守房玄齡派人沿途招待。並且出郊相迎接。太宗聽見玄奘到了京。特地回來和他在洛陽見面。他從二月六日起就從事翻譯佛經。一直到龍朔三年十月止。沒有一天休息。開首四年住長安弘福寺。以後八年住長安慈恩寺。以後一年陪唐高宗在洛陽。住積翠宮。以後二年住長安西明寺。最後五年住長安玉華宮。

二十年之久，譯了七十三部，一千三百三十卷佛經。一直到臨死前二十七天纔擱筆。前四五年因爲太宗常常要和他見面，還不免有躭擱的時間。自太宗死後，專務翻譯，沒有寸陰拋棄。每日自立功課，若白天有事做不完，必做到夜深纔停筆。譯經完了，復禮佛行道，至三更就寢。五更復起，早晨讀梵本，用朱筆點次第，想定要譯的十幾個學生坐在他面前筆記。他用口授，學生照樣寫，略修改，即成文章。食齋以後，黃昏時候，都講新經論，並解答諸州縣學僧來問的疑義。因爲主持寺事，許多僧務，又常要吩咐寺僧做。皇宮內使又常來請派僧營功德，所以白天很麻煩。一到晚上，寺內弟子百餘人，咸請受誡，盈廡滿廊，一一應答處分，沒有遺漏一個。雖然萬事輻輳，而玄奘的神氣常綽綽然，無所壅滯。——像這樣一天一天的下去，二十年如一日，一直到他死前二十七日纔停止。這種孜孜不倦，死而後已的工作情形，傳裏應該詳細敍述。

玄奘一生的成功，就因最後二十年的努力。若是別人，旣已辛苦了十九年，留學歸國，學成名立，何必再辛苦。他卻不然，回國的第二十七天，就開始譯經，到臨死前二十七天纔停筆。一面自己手譯，一面培植人才，不到幾年，就有若干弟子，聽他的口授，筆記成文，卒至有這偉大的成績。自古至今，不但中國人譯外國書，沒有誰比他多，比他好，就是拿全世界人來比較，譯書最多的，恐怕也沒有人在他之上。所以我們對於這點，尤其要注意。最好是做一個表，將各經的翻譯年月，初譯，或再譯，所屬宗派，著者姓氏，年代，卷數，品數等等，一一詳明標列。這樣纔可以見玄奘所貢獻給學術界的總成績。

這個表要有二種分類排列法。一種是依書的外表分列，一種是依書的內容分列。前者可分創譯，補譯，重譯，三類。創譯是從前未譯過的，補譯是從前未譯完的，重譯是從前譯得不好的。後者可分七類。一，法相宗的書。創譯的很多重譯的也不少，二、法性宗的書，如大般若波羅密多經，鳩摩羅什也曾譯過，但不完全，所以玄奘重譯全部，共有六百卷之多，三、其他大乘各宗的書，如攝大乘論，從前也有人譯過，但沒有他的詳，沒有他的精確，四、小乘各宗的書，又可分二目，甲、上座部的，如阿毗達磨大毗婆沙論二百卷，乙、大衆部的，如阿毗達磨俱舍論，阿毗達磨正理論，五、講宗派源流的書，如異部宗輪論，六、講學問工具的書，如因明入正理論，因明正理門論，本是最初介紹論理學的傑作，七、外道的書，如勝宗十句義論，是印度外道哲學書最要的一部，像這樣分類列表，既令人知道玄奘貢獻之偉大，又可令人知道他信仰法相宗是一事，翻譯佛經又是一事，他做學問很公平忠實，不僅譯本宗書，這點無私的精神也要用心寫出。

譯書若單靠他一手之力，自然沒有這麼大的成績，他在數年之內，養成好許多人才，又定好重要規則，譯好專門名詞，說明方法利弊，使得弟子們有所準繩，這點不能不詳細研究，他周敦義翻譯名義序引了玄奘的五不翻論，可知玄奘像這類的言論一定不少，他的弟子受了他的訓練，所以能在他的指揮下共同譯出這麼多書來，這點也須在本章最末一節說個淸楚——這以上是講玄奘努力工作的經過，是第三章。

到第四章應該說明玄奘在當時及後世的影響，他是不大著書的，成唯識論是法相宗的寶典，雖經玄奘加上許多主張，等於自著，但名義上還是翻譯的，他在印度時用梵文著了會宗論三千頌和眞唯識量頌，確是自己創造的，而爲量已少，而且會宗論還沒有譯成國文，他另外著了大唐西域記十二卷，但沒有佛教教理主張，爲甚麼他不大著書，我們想大概因爲佛經的輸入比較自己發表意見還要重要，所以他不願著書。

那麼，他的學問的成就怎樣呢，我們知道他不僅是一個翻譯家而已，他在印度最後幾年的地位已經佔最高座。學問的造詣當然也到了最高處。但是他沒有充分的遺著供我們的探討。如何能見他學問的眞相呢。沒有法子。只好在學生身上想法子。

他最後十五年是沒有一天離講座的。受他訓練的學生不下數千人。得意門生也有好些。像淸儒王伯申的經義述聞引述他父親的學說。我們儘可以從王伯申去看王懷祖的學問。玄奘的得意門生如窺基圓測等的著作自然很不少。玄奘的主張在內。我們儘可以從這裏面探討玄奘的學問。窺基圓測的書。經唐武宗毀佛法焚佛書以後。在中國已沒有。幸虧流傳到日本去了。最近二三十年纔由日本輸入窺基做的成唯識論述記。窺基是尉遲敬德的兒子。十二歲的時候。玄奘一見就賞識他。要收他做門徒。那時唐帝尊尙佛教。玄奘又享大名。窺基家人當然很願意。窺基自己可不肯。玄奘又非要不可。經過多次的交涉。允許他的要求。將來可以娶婦吃肉喝酒。後來窺基跟了玄奘多少年。雖未娶婦。卻天天吃肉喝酒。但是玄奘許多弟子。他卻是第一名。唯識宗就是他創造的。爲法相宗二大派之一。後來這派極盛。

道宣續高僧傳說圓測並非玄奘的學生。不過在末席偷聽而已。並沒有甚麼了不得。在圓測的書未發現以前。看去似果眞和玄奘不相干。近來日本人修續藏。找他的書找出來了。傳到中國纔知道在法相宗是佔有很重要的位置。並不和唯識宗所說的話一樣。

所以玄奘傳下的二大派。我們應該徹底研究。其同點何在。其異點何在。都要弄淸。弄淸了。玄奘的學說也可跟著明白。而且因此不惟說明玄奘的學說。就是玄奘的影響也很淸楚。玄奘的影響淸楚。也就是法相宗的大勢連帶淸楚。此後順便可以講些法相宗流入日本的歷史。一直敍到現在。筆法也很淸順。

最後，凡是玄奘的門生和門生的門生，尤其是當時襄助玄奘譯書的人，須用心考出做成一個詳細的表，其中有事業可稱的，可以給他做篇小傳。

——從此以上，是講玄奘傳第一個綱領下的第四細目，也就是第四章。我上文不是講過有二個綱領嗎？那第二個綱領還有三個細目應該敍在甚麼地方呢？這早插在前面四章裏了。當做傳時，心中常常要記著這二個綱領，一面要敍述玄奘在中國學術上偉大的貢獻，一面同時要敍述玄奘個人留下偉大的嚋範，不可只注意前者，忽略了後者。我這種做法，是以前項綱領爲經，以後項綱領爲緯，後者插入前者裏面，隨時點綴，不必使人看出針迹縫痕，纔稱妙手。多年欲做玄奘專傳，現在大概的講些我的做法來，將來或者能有成功的一天，給學者做個參考。

分論三 文物的專史

第一章 文物專史總說

文物專史是專史中最重要的部分，包括政教典章，社會生活，學術文化種種情況。做起來實在不容易，據我個人的見解，這不是能拿斷代體來做的，要想滿足讀者的要求，最好是把人生的活動事項縱剖，依其性質分類敍述。本來根據以前的活動狀況，以定今後活動的趨向，是人生最切要的要求，也是史家最重大的責任，所以對於各種活動的過去眞相和相互的關係，非徹底的求得不可，否則影響到今後活動，常生惡果。我們知道人類活動是沒有休止的，從有人類到今日，所有的一切活動，都有前後因緣的關係。倘使作史的時候，把他一段一段的橫截，或更依政治上的朝代分期，略說幾句於實際政治史之後，那麼，做出來的史一定很糟。這種史也許名爲文化史，文物史，其實完全是冒牌的，從前的正史裏書志一門也是記載文物的，但多呆板而不活躍，有定制而無動情，而且一朝一史，毫無聯絡，使讀者不能明瞭前後因緣的關係，所以這種斷代體和近似斷代體的文物史都不能貫徹「供現代人活動資鑑」的目的。我們做文物專史，非縱剖的分爲多數的專史不可。

我以爲人生活動的基本事項，可分三大類，就是政治，經濟，文化，三者。現在做文物的專史，也就拿這三者分類，這是很近乎科學的分法，因爲人類社會的成立，這三者是最主要的要素。拿人的生理來譬喻，能有骨幹纔能支持生存，有血液纔能滋養發育，有腦髓神經纔能活動思想，三者若缺少其一，任何人都不能生活，一個人的身體如此。許多人的社會又何嘗不然。拿來比較。個人的骨幹等於社會的政治。個人的血液等於社會的經濟。個人的腦髓神經等於社會的文化學術。一點兒也不差異。現在就先把這三種文物專史所應分別包括的事項略微講講。

第一是社會骨幹之部。就是政治之部。這所謂政治。是廣義的。從原始社會如何組織起。到如何形成國家。乃至國家統治權如何運用。如何分化。都是。若以性質分。則軍政、民政、財政、法政、外交。都可溯古至今的敍述。若以部位分。則地方、中央。又可詳細的劃開。譬如一個人的骨幹。以性質分。有做支持身體用的。有做行走用的。有做取攜用的。有做保護用的。以部位分。曰頭骨。曰脊骨。曰腿骨。曰臀骨。分開來雖有千百。合起來仍是一套。政治的組織也是如此。所以國家社會纔能成立。

第二是社會血脈之部。就是經濟之部。一個人非有物質生活不可——衣食住缺一。不可生存。社會亦然。若受經濟的壓迫。必衰退下去。或變成病態。或竟驟然銷滅。一部分的經濟不充裕。一部分社會危險。全世界的經濟不充裕。全世界社會危險。就譬如一個人患了貧血症。一定精神痿弱。不久人世。若一滴血都沒有了。那還成個人嗎。經濟是社會的營養料。也是社會的一要素。

第三是社會神經之部。就是文化之部。人所以能組織社會。所以能自別於禽獸。就是因爲有精神的生活。或叫狹義的文化。文化這個名詞有廣義狹義二種。廣義的包括政治經濟。狹義的僅指語言、文字、宗敎、文學、美術、科學、史學、哲學而言。狹義的文化尤其是人生活動的要項。人生活動不外這三種。說句題外的話。據我看。理想的國家政治組織。許要拿這個標準分類。將來一個國家許有三個國會。一是政治會。一是經濟會。一是文化會。歐戰後。法國設過經濟會議。敎育會議。和政治上的國會幾乎鼎立。國會原來只代表骨幹的一部分。非加上代表血液、神經的不行。今後學問日見專門。有許多問題不是政治家所能解決的。所以國會須有經濟會文化會輔助。纔可使國家組織完善。

文物史也是一樣。非劃分政治經濟文化三部。而互相聯絡不可。所以文物的專史包括。

(一)政治專史

(二)經濟專史

(三)文化專史

三大類。各大類中又可分許多小類。其分法在下文講。

第二章　政治專史及其做法

政治專史最初應該從何處研究起。最初應該研究民族。中國人到底有多少民族。中國人的成分爲何。各民族中那一族做台柱。最初各民族的狀況如何。從最初到黃帝時。各民族的變化如何。商周兩民族的來歷如何。周代的蠻夷戎狄有多少種。後來如何漸漸形成骨幹民族。如何漸漸吸收環境民族。當沒有混合時。其各自發展的情形如何。何時接觸。何時同化。自從本民族的最初發源起。慢慢的匈奴鮮卑契丹女眞蒙古圖爾特逐漸發生交涉。以至於今日。這都應該詳細劃分。各作專篇。組織成一部民族史。那麼中國人對於中國民族的觀念格外淸楚了。

第二步就應該研究國土。展開中華民國的地圖一看。知道我們這一羣人生活在這裏面。但我們的各祖宗最初根據什麼地方呢。何時如何擴充。何時又如何退縮。何時如何分裂為幾國。何時又被外來民族統治。何地最先開發。何地至今猶帶半獨立性。這都要先了解。做成專史。纔可確定政治史的範圍。

第三步就要研究時代。關於時代的劃分。須用特別的眼光。我們要特別注意政治的轉變。從而劃分時代。不可以一姓興亡而劃分時代。從前的歷史借上古中古近古或漢朝唐朝宋朝來橫截時間。那是不得已的辦法。我們須確見全民族政治有強烈轉變。如封建變為郡縣。閉關變為開放之類。纔可區別為二。深入的個別的研究各個時代的歷史。

第四步還要研究家族和階級。以普通理論講。個個人都是社會的分子。社會是總體。個人是單位。這許是好理想。但事實上不能如此。以一個人做單位想在社會總體裏做出事業來。古今中外都不可能。總體之中一定還有許多小的分體。那些分體纔是總體的骨幹。一個人不過是一個細胞。對國家為國民。對家族為家人。對市村為市民為村民。對學校為學生為教員。對階級為士為商。必加入各小團體。以為基礎。纔能在大團體中活動。家族無論何種社會都看得很重。是間接組織國家的重要成分。在中國一直到現在。還有許多人與其叫他國家的國民。不如叫他家族的家人。因為他是對家族負責的。所以家族如何形成。如何變遷。如何發展。都得研究。階級亦無論那個社會都免不了。許多個人都由階級間接參加國家。中國人消滅階級比較的早。而對於家族。非常的擁護。西洋人不然。家族的關係很薄。階級的競爭漸濃。中國的階級在國家雖不重要。但不能說無關係。所以為了解社會的基礎起見。非特別研究家族史階級史不可。

此外有些西洋有中國沒有的。如西亞細亞教會的組織。比家族還重要。在中國卻不成問題中國史和西洋史不同之點。即在這種地方。

——以上五步的研究是做政治史的第一部分。因爲政治就是社會的組織。社會組織的基礎就是上述民族。國土。時代。家族。階級等。把基礎研究清楚。纔可講制度的變遷。

所以政治專史的第二部分就是講政治上制度的變遷。這種應當從部落時代敍起。遠古有無部落。如何變成宗法社會。如何變成多國分爭。如何變成君主統一。統一以後。如何仍舊保留分立形式。如何從封建到郡縣。郡縣制度之下。如何變成藩鎭專橫。如何又變成各地自治。君主制度又如何變成民主。這種由分而合由合而分。經過幾次分合的含質如何。分合的同異何在。這麼大的國家。如何劃分中央與地方的權限。歷史上的趨勢一時代一時代不同。須得分部去研究。

其次又要研究中央政權如何變遷。某時代是貴族專制的政體。某時代是君主專制的政體。某時代對於中央政府如何組織。各種政權如何分配。中央重要行政有多少類。每類有如何的發展。這種中央的政治組織和中央權力的所在。須分類研究其變遷。詳述其眞相。如司法財政外交民政等。——這是政治專史的第二部分。

第三部分是講政權的運用。上文講的是政治組織上的形式。其實無論何時。和實際運用都不能相同。譬如中華民國約法。現在似乎仍舊有效。但具文的約法和實際的政治表面和骨子相差不知幾千萬里。若從政府公報看。中央政府似乎很強有力。吳佩孚張作霖亦得稟命中央。如打破了南口許多威字將軍都是由吳張上呈文。由內閣發表。事實上。骨子裏何嘗如此。一切大權都不在內閣。吳張上呈文亦等於一紙命令。這不但我國此時如此。無論何時何國。實際上的政治和制度上的政治都不能相同。不過不同的距離各有遠近。就是譬如英國國會組織既很完善。威力既很偉大。又號稱代表全國民意。可謂憲政的模範。但實際上只由少數資本家把持。用以壟斷全國利權。何嘗能代表多數民意。表面上。政府的法令都經國會通過。很合憲法。資本家卻借國會以取權利。這是憲法所不能禁止的。意大利的棒喝團。俄羅斯的蘇維埃。也是如此。表面上的組織是一回事。運用起來又是一回事。所以研究政治史的人。一面講政治的組織。表面上形式如此。如彼。一面尤其要注意骨子裏政治的活用和具文的組織發生了多大的距離。譬如漢朝中央政治。依原定組織。天子之下。丞相行政。御史執法。太尉掌兵。全國大政。都出自三公。但自武帝以後。大政的權柄漸漸移到尙書省。尙書省在法律上是沒有根據的。裏面都是皇帝私人。後來的三公非錄尙書事。不能參與政治。事實竟變成無形的法定制度。後來漢朝的政權不惟在尙書省。外戚宦官都非常的把持。也是自然的結果。宦官運用政治。法律上尤其沒有根據。然無人能阻其不握政權。還有大學生。學會有時也能左右政治。但在法律上亦看不見。所以某時代政治的運用變到某部分人手上。其變遷之狀況何如。事實何如。都得詳細研究。關於這類。近來政黨的發生。亦可附入——這是政治專史的第三部分。

研究政治史根據此分類標準。分了。又分務求淸楚。我打算編一個目錄。使得做政治史的人有個標準。至於詳細的做法。現在不能講了。

第三章　經濟專史及其做法

經濟事項。譬如人生的血液。我們做經濟專史。可以因人類經濟行爲的發生次第來做分類的標準。人類爲什麼有經濟行爲。因爲有消費。人類起於消費。因消費而須生產。生產的種別不同。所以又須交易。生產的結果。須分給多少部分的人。所以分配的問題又起。愈到近代。在經濟行爲上。分配愈佔重要地位。古代最初的人類行爲。分配問題卻不大發生。所以做起歷史來。要講清前三部分。纔可講分配。中國經濟史。最重要的是消費和生產。其次是交易。最末纔是分配。現在依此次序講。

消費方面。可分食衣住三項。要做一個民族的經濟史。看他自開化以來的食衣住如何變遷。最爲重要。但做歷史再沒有比這個困難的。因爲資料極其缺乏。

食的方面。到底我們這個民族普通食品是甚麼東西。某種從外來。某種生產於某處。那一種佔重要地位。某時代某種佔重要地位。一個民族幾千年的食飯問題。實在要緊。但研究起來。也實在困難。因爲歷史的資料。不外紙片上的記載和殘留的實物。殘留的實物。多由地下發現。食品卻不能保存。紙片上的資料。固然不可看輕。但無論何國的歷史。都是政治的資料多。社會經濟的資料少。尤其是中國。這個難題。我私度沒有多大把握。因爲紙片上的資料很少。實物根本沒有。又不能靠採掘。但是雖然困難。亦不能不想方法。我想不單是食。凡關於經濟事項。若研究其歷史。不能不和政治史文化史脫離。而另取一方向。做文化史政治史。多由古及今。做經濟史。當由今及古。近代一二百年的經濟變遷。用心訪問。還能整理成一個系統。將現代所見。和近代銜接。再一樣一樣的追尋根源。遡到何時就講到何時。即如食米麵。大概言之。北方多食麵。南方多食米。倒追上去。還可以看着這種痕跡。還可知北方何時始食麵。南方何時始食米。關於經濟項下。此原則不能不採用。即「跟現存的追上去。」一食的問題諸食品中何者原有何者後入乃至植物的栽培動物的豢養都可以從現在起倒數上去此法雖不能用得圓滿結果但非絕無路走其中有些可以特別研究的如米的應用及保存分配的方法應用方面古代不單拿來食而且用作貨幣讀管子可知米是金融中很重要的物品甚麼時候完全是金融的要素甚麼時候完全把交易媒介的性質除去研究起來倒很有趣味還有禁米出口的政策現在還有討論的餘地關於米的支配幾千年來不同旁的一樣旁的可以自由交易米是民食所寄政府地方社會對於米都有特別的制裁支配管理都有殊異的方法這也很有趣所以食品史應有專篇講幾千年來管理支配的方法如何這倒不難可從紙片上得資料從現在看起追尋上去看二千年來何如又如鹽也是消費要素之一在中國史上的資料比較的很充足自漢唐以來鹽在財政上佔極主要的地位再溯上去管子是戰國的書已說春秋戰國時已有特別管理和支配鹽的方法所以做中國吃飯史全部做的如何很難講但很應該做而且最少有若干問題有相當的資料可以做得好倘使研究一項打開了一條活路別項也得用同樣的方法追尋上去

衣的方面或者做起史來較容易些因爲保存下來的東西比較的多如在日本考中國的服飾可以追到唐朝有名的博物院中還有唐朝以下的實物這因實物保存所以比較的容易研究但衣的方面特別的問題很多最須分類研究如絲是中國可以自豪的發明最早但到甚麼時候纔有最近李濟之先生在山西夏縣西陰村發現半個蠶繭假使地層的部位不錯那麼中國在石器時代已有絲了其次如麻也是中國的特產須特別研究又其次如棉花自唐以後輸入中國證據很多但到底是從南洋來抑從西域來各說都有根據我們如何取決棉布又起自何時是自己發明的還是從外國輸入的假使是輸入的又從何國輸入這個專題可得有趣的

發明。還有中國未有棉花以前是用甚麼東西。近代的麻和古代的麻同類否。有多少種。從有絲到織呢絨綢緞。是自己發明的不是。問題眞多資料也不是沒有。只等我們去研究。

住的方面宮室建築。拿現代所有做基本推上去也很可以。不過中國每經喪亂。毀滅無餘。近如圓明園給英法聯軍一把火燒得乾乾淨淨。只剩了一個景福門和照壁圍牆。最近幾個月也給軍閥拆去了。自古至今多少偉大的建築給那般暴徒毀去。以致今日研究起來。實在困難。祇求紙片上的紀載又很難得圓滿的結果。但除了力求古蹟以外紙片也不是絕對沒有貢獻。其中的特別問題也很多。如衣食事項一樣。如城郭許是中國特有的文化。最少也是亞洲民族特有的。而且是中國人所發明。史記匈奴傳漢書西域傳。以城郭的有無爲開化半開化民族的符號。中國所謂城郭和歐洲中世所謂堡壘不同。堡壘似碉樓。是少數君主貴族專保自己財產用的。城郭不專爲一人不專爲統治者的安全而爲保護一般人民的利益而設。大概古代人民春秋散在田野。冬日把所有的收穫品聚在一處。初爲牆。後爲城郭。以防禦外來的強盜和外族的掠奪。這種城郭的發明從何時起。殷墟文字裏有多少城郭。殷朝西周何如。春秋時代。見於紀載的很多。可見已是一件很重要的事。後來竟變成文明人的標誌。假如我們證實了城郭是中國民族的特別發明。可以追尋到古代看某時某地有古城痕跡或紀載。就可知中國文化此時已到此地。最古長城以外沒有城郭。西域各國或有或沒有。由此可見中國民族勢力的消長。研究起來。雖很困難。但並不是沒有路子。雖不能全部研究。但抽出若干種。比較的資料易得的。可以得許多成績。此外的特別問題也不止一種。不能多講。

食衣住三者的史料。除了紀載和實物以外。還有特別史料。是我們所能得外人所不能得的。中國文字。象形指事。會意諸種。研究起來。有許多可以發見有史以前的生活狀態。其中乃至心理的狀態也可以看出一部分。如內字表示穴居。以人入洞和以人入門的閃字不同。如宮字表示兩進的房子。到現在還適用。到歐洲可不適用的。如家字表示以物覆豕。是家的所在。可知古人由漁獵時代變成畜牧時代的時候。以豕爲食物而始有固定的家。又如吉凶的凶字。表示設陷阱以捉野獸。野獸落到裏面的樣子。原來只有這種意義。後來纔用爲不利的意義。像這類在古文字上研究以求古代人類衣食住的狀況。當有許多意外的收穫。這種收穫品是紀載上實物上所沒有而文字中有的。假如小學家有社會學的根柢。很可以得奇異的發明。所以衣食住的專史。誠然難做。但不是絕對不可做。機會正多的很。

進一步到生產方面。生產的種類分別爲漁獵、畜牧、農耕、礦業、家庭手工業和現代工業。每一種須一專史。中間看那一種最發達。歷史也跟著詳細一點。

中國農業最發達而最長久。資料也很多。非給他做一部好歷史不可。農業、農器、農產物的歷史。都應該做。最主要的。尤其是田制。一直到現在。仍是最主要的問題。幾千年來的政治家很用心去規定這種制度。許多學者也有很周密精詳的主張。或已實行。或未試辦。我們研究田制的變遷。有許多資料可供使用。只要肯去找。詳審的選擇敍述。可以得很有價值的歷史。這不單是考古而已。或者有些學者或政治家所建議而未實行的制度。我們把它全錄或摘抄下來。可以供現代的資鑑。而愈可以成爲有價值的著作。

漁獵畜牧。最初的社會已經有了。一直到現在還是很重要的生產事業。礦業到周代也已發明。已利用。到今日。變成多種生產事業的發動力。假使沒有礦業。多種生產事業都得停頓。所以我們做史。應該分別一部一部的

各自著成一書

家庭手工業在機械工業未輸入以前的狀況如何．原來的機械工業在新式的機械工業未輸入以前的狀況如何．自機械工業輸入中國以後到現在有如何的發展．有無新的發明．這種資料東鱗西爪．的研究時要很費精神去尋找．

此外和生產事業極有關係的有三種．就是水利．交通．商業．不能不做專史．

歷代以來．中國人對於消極的防水患．積極的興水利．都極注意．如資治通鑑．每朝末葉．水患特別的多．前人以爲天災流行．其實則毫不足怪．新興之朝．所以沒有水患．只因當時上下對於修堤濬河的工作很用財力人工可以征服自然．如清代河道總督．號稱肥缺．有很充足的公款可供中飽．但一發現有舞弊情形．或一遇河堤決口．馬上就要拏去砍頭．所以無論怎樣貪婪的河道總督．總得用心修理河道．所以清代水患比較的少．到了民國．一切的收入都跑進兵隊和兵工廠和軍閥的姨太太身上了．誰來理這閑事．所以不講別的．就是永定河就每年總有好幾次發生危險．關於這類水利問題．歷代工作的情形怎樣．都得做成專史．

交通在現在以鐵路河海航線電線最重要．汽車道也有人注意．這些事業．幾時才輸入中國．近來發達的情形如何．都是應該入史的．還有古代沒有這些東西．卻有驛道驛使．做中央統制地方的利器．所以對於驛的制度很完善．驛道的路線．歷代不同．逐代加增．研究的結果．還可勉強畫出地圖來．驛道的管理法．驛使的多少．也得研究清楚．這類資料倒也不少．我們可以從上古初闢草萊起．漸有舟車．漸有驛道．運河．海運．鐵道．航線．電線．汽車道．乃至飛機．無線電．電話．都一一做成歷史．分之各爲專篇．合之聯成交通專史．

商業自春秋戰國以後日見發達。以前也並非沒有。我們須研究人類最初交易的情形如何。何以由物與物互易而變成物與幣互易。春秋戰國對外的貿易何如。歷代對於商人的待遇何如。漢唐對於邊界互市的狀況何如。一直到現在與全球通商的經濟戰爭情況如何。其中如貨幣的變遷尤其要特別的研究。關於貨幣的理論。如每值幣制紊亂。講求修正改革的奏疏之類。價值很高。是要收入貨幣史的。或者包括各種事實成一部商業史。或者分別作各種專史。都無不可。

上面交通和商業二種都屬於交易方面。就是經濟事項的第三種。再進一步。就要說到分配了。（名達按。當日因時間來不及。未講分配。）

——關於經濟專史的分類。似乎不大科學的。不過稍微舉個例。大概的講一講。近人關於貨幣、田制的著述。倒有一點。但都還得補正。此外各史許多人未曾做。或認爲不好做的。也未嘗不可設法研究。這全在我們的努力。

第四章　文化專史及其做法

狹義的文化。譬如人體的精神。可依精神系發展的次第。以求分類的方法。文化是人類思想的結晶。思想的發表。最初靠語言。次靠神話。又次纔靠文字。思想的表現。有宗教、哲學、史學、科學、文學、美術等。我們可一件一件的講下去。

甲　語言史

在西洋。言文一致。在中國。文字固定。語言變化。兩不相同。所以研究中國文化。要把文字同語言分開。

離開文字的語言已成過去，在固定的文字下研究變化的語言，異常困難，但並不是絕無資料，西漢末揚雄已經很注意這部分，新近學者研究語言的發展很快，我們的同學中有研究中國語言史者，起初我們以爲很困難，現在已證明有路可走，看韻文的變化，常可得着具體的原則，即如廣東話在中國自成一系，鄉先生陳蘭甫著廣東音學，發明了廣東話和旁的話不同的原則，近來趙元任先生研究現代語言，在聲音方面也很有心得，文法方面，自漢以後，宋入平話未發生以前，因士人作文喜用古時筆調，成爲固定的，不肯參用俗調，通俗的白話又不曾在紙片上保存，所以現在很難考出，但我們從很缺乏的資料中跟著上去，也非絕對不能做史，宋元以後平話小說戲曲先後繼起，語言的變化就漸漸可考了。

乙　文字史

淸代以來，小學家根據說文，把文字劃出一個時代來研究，成績很高，後來甲骨文發現，文字學上起了很大的變化，國內唯一的大師王靜安先生，研究得很好，我們希望努力下去，可以得文字的最初狀況，再由古及今，把歷代的文字變遷都研究淸楚，可以做成中國文字史。

丙　神話史

語言文字之後，發表思想的工具，最重要的是神話，神話由民間無意識中漸漸發生某神話，到某時代斷絕了，到某時代，新的神話又發生，和神話相連的是禮俗，神話和禮俗合起來講，系統的思想，可以看得出來，歐洲方面研究神話的很多，中國人對於神話有二種態度，一種把神話與歷史合在一起，以致歷史很不正確，一種因爲神話擾亂歷史眞相，便加以排斥，前者不足責，後者若從歷史著眼是對的，但不能完全排斥，應另換一方面，專門研究。最近北京大學研究所研究孟姜女的故事。成績很好。但範圍很窄。應該大規模的去研究一切神話。其在古代。可以年代分。在近代。可以地方分。或以性質分。有種神話竟變成一種地方風俗。我們可以看出此時此地的社會心理。

有許多神話夾在紀眞事的書裏。如山海經。若拿來作地理研究。固然很危險。若拿來作神話研究。追求出所以發生的原因來。亦可以得心理表現的資料。如緯書。從盤古伏羲神農軒轅以來的事情很多。又包含許多古代對於宇宙的起源和人類社會的發生的解釋。我們研究古人的宇宙觀人生觀和古代社會心理。與其靠易經。還不如靠緯書和古代說部。如山海經之類。或者可以得到眞相。又如金縢夾在二十八篇眞尚書中。所述的事非常離奇。那些反風起禾的故事。當時人當然相信。如不相信。必不記下來。我們雖不必相信歷史上眞有這類事。但當時社會心理確是如此。又如左傳裏有許多災怪離奇的話。當然不能相信。但春秋時代的社會心理大概如此。

又如佚周書在歷史上的價值如何。各人看法不同。其中紀載殺多少人。虜多少人。捕獸多少。我們不能相信。孟子說。「仁者之師無敵於天下。……如之何其血流漂杵也。……吾於武成取其二三策而已。」事實固然未必全屬眞相。但戰爭的結果當然很殘忍。這點可認爲事實。又看當時所得猛獸之多。參以孟子別篇所謂「周公兼夷狄驅猛獸。而天下寧。」可知當時猛獸充斥於天下。這種近於神話的誇大語。也自有他的歷史背景。我們因他誇大某事。可相信當時實有某事。但不必相信他的數目和情形。

神話不止一個民族有。各族各有其相傳的神話。那些神話互相征服同化。有些很難分別誰是誰族的。我們應當推定那一種神話屬於那一種民族或那一個地方。如苗族古代和中原民族競爭很烈。苗族神話古代也特別多。我們若求出幾個原則把苗族神話歸納出來倒很可知道苗族曾經有過的事項風俗和社會心理苗族史雖不好研究。而苗族神話史卻很可以研究出來。

後代一地方有一地方的神話。荆楚歲時記和這類文集筆記方志所講的各地風俗和過節時所有的娛樂。若全部搜出來做一種研究。資料實在多。如蘇東坡記四川的過節。范石湖記吳郡的過節。若分別研究。可以了解各地方心理和當時風俗。實在有趣。

中國的過節實在別有風味。若考究他的來源。尤其有趣味。常常有一種本來不過一地方的風俗。後來竟風行全國。如寒食是春秋晉人追悼介之推的紀念日。最初祇在山西。後來全國都通行了。乃至南洋美洲華人所至之地都通行。可是現在十幾年來我們又不大實行。又如端午。初起只在湖南競渡。最多也不過湖北。後來竟推行到全國。又如七夕。詩經有「宛彼牽牛」之句。牽牛與織女無涉。古詩十九首有「迢迢牽牛星。皎皎河漢女。盈盈一水間。脈脈不得語。」成爲男女相悅了。後來竟因此生出七夕乞巧的節來。最初不過一地的風俗。現在全國都普遍了。這類的節。雖然不是科學的。卻自然而然表示他十分的美。本來淸明踏青。重陽登高。已恰合自然界的美。再加上些神話。尤其格外美。又如唐宋兩代。正月十五晚。皇帝親身出來湊熱鬧。與民同樂。又如端午競渡。萬人空巷。所以最少中國的節。都含有充分的美術性。中國人過節。帶有娛樂性。如燈節。三月三。端午。七夕。中秋。重陽。過年。都是公共娛樂的時候。我們都拿來研究。既看他的來源如何。又看他如何傳播各地。某地對於某節特別有趣。某時代對於某節尤其熱鬧。何地通行最久。各地人民對於各節的意想如何。爲甚麼能通行。能永久。這樣極端的求得其眞相。又推得其所以然。整理很易得的資料。參用很科學的分類。做出一部神話同風俗史來。可以有很大的價値。

丁　宗教史

在中國著宗教史——純粹的宗教史——有無可能。尙是問題。宗教史裏邊。敎義是一部分。敎會的變遷是一部分。敎義是要超現實世界的。或講天堂。或講死後的靈魂。無論那一宗教都不離此二條件。其次宗教必有敎會。沒有敎會的組織。就沒有宗敎的性質存在。根據這兩點來看中國是否有宗敎的國家。大可研究。近來推尊孔子的人想把孔子做宗敎。康南海先生就有這種意思。認孔子和外國人的宗敎一樣去研究。一般攻擊孔子的人又以爲孔子這種宗敎是不好的。如吳稚暉先生和胡適之先生。其實兩種看法都失了孔子的眞相。第一點。可以說宗敎利用人類曖昧不淸楚的情感。纔能成功。和理性是不相容的。所以超現實超現在。孔子全不如此。全在理性方面。專從現在現實著想。和宗敎原質全不相容。第二點。敎會孔子以後的儒家是沒有的。現在有的是冒牌。

再看孔子以外的各家。關於第一點。道家。老子莊子雖有許多高妙的話。像是超現實超現在。而實質上是現實的現在的應用。道家實在不含宗敎性。比較的古代思想只有墨家略帶宗敎性。講天志。講明鬼。稍有超現實的傾向。但仍是現實的應用。墨家並未講死後可以到天堂。亦未講死後可以做許多事業。不過講在現實的幾十年中。好好的敬天。做好事。天自然會賜以幸福。所以墨家仍不能認爲宗敎。關於第二點。道家也沒有敎會。墨家有鉅子。頗像羅馬的敎皇。未能明瞭他如何產生。雖然當戰國時代。許有百餘年曾有過敎會的組織。但後來消滅了。現在留存的材料極少。除了講鉅子的幾條以外，別無可找。

中國土產裏既沒有宗教，那麽著中國宗教史，主要的部分，只是外來的宗教了。外來宗教是佛教，摩尼教，基督教。最初的景教，後來的耶穌教，天主教等，主要的材料，純粹是外來的宗教著作，都是死的，無大精彩。只有佛教有許多很有精彩的書。但應該擺在哲學史裏抑宗教史裏，還是問題。爲著述方便起見，擺在哲學史更好。因爲佛教的理性很强，而且中國所感受，哲學方面爲多。佛教到中國以後，多少派別，當然應該擺在哲學史。因爲六朝隋唐一段的哲學史，全靠佛教思想做中堅。其中純粹帶宗教性，而且很强的只有淨土宗。但也很難講。又佛教的禪宗，勉强可以說是中國自創的一派。然很近哲學。到底應認爲教派，抑應認爲學派，又是問題。據我看，做學派研究，解釋要容易些。到底那一部分應歸宗教，那一部分應歸哲學，分起類來很不方便。若把全部佛教移到哲學，那麽宗教史的材料更少了。

爲甚麽宗教在中國不發達，大抵因爲各種宗教到了中國，不容易有好教會的組織發生。最近基督教宗中如燕京大學一派，有組織中國基督教會的運動，我很贊成。因爲人類應有信仰宗教的自由，我們不能因爲他是外來的，就排斥他。基督教所以可恨，只因他全爲外國人包辦。假使由中國人來辦，就可免掉外國借手侵略的野心。所以若做宗教史，最後一頁，所以講有少數人有這種運動，他們既然信仰基督教，當然應該努力。但事實上未必成功。如有可能，恐怕早已有人做成功了。

就外來的宗教，講其教理要略，及其起原，用不着在中國宗教史講。在中國內部，所謂教會的形式，又沒有具體的，中國宗教史祇能將某時代某宗派輸入，信仰的人數，於某時代有若干影響，很平常的講講而已。雖或有做的必要。卻難做得有精彩。

就中國原有的宗教講先秦沒有宗教。後來只有道教。又很無聊。道教是一面抄襲老子莊子的教理。一面採佛教的形式及其皮毛。湊合起來的。做中國史。把道教敍述上去可以說是大羞恥。他們所做的事。對於民族毫無利益。而且以左道惑衆擾亂治安。歷代不絕。講中國宗教若拿道教做代表。我實在很不願意。但道教醜雖很醜。做中國宗教史又不能不敍。他於中國社會既無多大關係。於中國國民心理又無多大影響。我們不過據事直書。略微論講就够了。

做中國宗教史倒有一部分可寫得有精彩。外國人稱中國人奉多神教。名詞頗不適當。多神教是對一神教而言。基督教猶太教是一神教。其他都是無神教。佛教尤其是無神教。西洋人不曾分別這點。說印度人奉佛教即奉多神教。中國孔子不講神。說「未能事人焉能事鬼」「未知生焉知死」然而孔子對於祭祀卻很看重。論語說「祭如在祭神如神在」孔子一面根本不相信有神。一面又藉祭祀的機會彷彿有神以集中精神。儒家所講的祭祀及齋戒。都只是修養的手段。論語說。「非其鬼而祭之諂也。」「其鬼」和「非其鬼」的分別。和西洋人的看法不同。意思只是鬼神不能左右我們的禍福。我們祭他。乃是崇德報功。祭父母因父母生我養我。祭天地因天地給我們許多便利。父母要祭。天地山川日月也要祭。推之於人。則凡為國家地方捍患難建事業的人也要祭。推之於物。則貓犬牛馬的神也要祭。如此。「報」的觀念。貫徹了祭的全部分。這種祭法。和希臘埃及的祭天拜物不同。他們是以為那裏面有甚麼神祕。乃是某神的象徵。並不因其有恩惠於人而去祭他。老實講。中國所有的祭祀。都從這點意思發源。除了道教妖言惑衆的拜道以外。我們將歷代所拜的神。羅列起那些名詞來分類研究其性質及變遷實在很有趣味。

我們看古時的人常常因感恩而尊所感的人爲神。如醫家祭華陀扁鵲，戲子祭唐明皇。若把普通人祭甚麼某階級祭甚麼分類求其祭的原因及起原的情形，可以得知十有八九是因爲報恩的。若看歷代所崇拜的神的變遷，尤其有意思。——例如近代最行運的神是關羽。關羽以前是蔣子文。南京鍾山也叫蔣山，即因蔣子文得名。蔣子文是一個知縣。六朝人守南京城陷，殉節。他官階既比關羽低，時代又比關羽後，但同是殉節的人，都合於祀典「以死勤事則祭之」的向例。這類殉節的人古來很不少。不過蔣子文當時死得激烈一點，本地人崇拜他，祭祀他。起初稱他知縣，其後稱他蔣侯，其後又稱他蔣王，最後竟稱他蔣帝。祭他的地方不很多，祇在南朝各地。但南朝各代上自皇宮，下至偏僻市鎮，都很虔誠的祭他。比較關羽的享遇，當然差得遠。但人雖生於關羽之後，神卻成於關羽之前。關羽的運氣行得很遲，到明末纔有許多地方祭他爲神。到滿人入關，纔極通行。滿洲人翻譯漢文成滿文的最初一部是三國演義。一般人看了，認關羽是惟一的人物。後來迭次打勝仗，都以爲靠關羽的神幫助。所以八旗兵民所到的地方沒有不立關帝廟祭關羽的。皇帝在文廟祭孔子，在武廟就祭關羽、岳飛。無形中社會受了莫大的影響。乃至沒有甚麼地方不祭關羽，沒有甚麼地方沒有關帝廟。諸位的故鄉自然有這種風俗。就是現在從清華園大門出去，那正藍旗和正白旗二個村莊，不見他有甚麼宗祠家廟，倒都有關帝廟佔正中的位置，做全村公共會集的地方。諸君再到北京前門外那個有名的關帝廟，一問那看廟的人，一定可以得到一件有趣的故事。「明萬曆間，宮中塑了兩個關帝偶像，叫人給他倆算命。神宗皇帝喜歡的那個偏偏命不好，皇帝討厭的那個偏偏有幾百年的煙火。皇帝發脾氣了，吩咐把自己喜歡的供在宮中，把那個討厭的送往前門外的廟裏去．那知道後來李闖一進宮門．便把那關帝像燬了．前門外那個關帝像到現在還有人供祀」關羽是時殊有運氣的神．時間已有四五百年．地方遍及全國．還有運氣不好的．如介之推．除了山西以外沒有廟．如屈原．除了湖南以外也沒有廟．然而寒食端午兩節．專是紀念他倆的．也帶了十足的崇拜先哲的意思．和廟祀差不多——我們若是把中國人所供祀的神．一一根究他的來歷．大抵沒有不是由人變來的．我們看他受祀範圍的廣狹．年代的久暫．和一般民衆祀他的心理．做成專篇．倒是宗教史裏很有精彩的一部分．所以可以說中國人實在沒有宗教．祇有崇德報功的觀念．

還有一點．在宗教史上要說明的．中國人信佛．宗釋伽牟尼．信道．宗太上老君．信基督教．宗基督．同時可以並容．決不像歐洲人的絕對排斥外教．佛教輸入以後．經過幾次的排斥．但都不是民衆的意思．北魏太武帝．北周武帝．唐武帝．三次摧殘佛教．其動機都因與道教爭風．當時那兩教的無聊教徒．在皇帝面前爭寵．失敗了的連累全教都失敗．這和全國民衆有何相關．中國所以不排斥外教．就因為本來沒有固定的宗教．信教也是崇德報功的意思．基督教輸入以後．所以受過幾次的激烈排斥．也只因基督教徒本身有排外的思想．不容外教的存在．回教謨罕默德出於摩西．也是排外的．教摩西之所以起．即因爭奪南方膏腴之地．而起基督教到羅馬．以教會干涉政治．回教所到之處．亦以教會干涉政治．那自然和本方人的權利思想不相容．自然會引起相當的反感．當他們初入中國．未現出侵略的野心以前．中國人是無不歡迎的．自唐朝景教流行到明末基督教再來．都不曾有甚麼反動．後來因為舊教天主教有壟斷政權的嫌疑．新教耶穌教又有侵略主義的野心．所以我們纔排斥他．回教輸入中國以後的情況．也是一樣．

關於這點——中國人對於外來宗教的一般態度很值得一敘我們常常看見有許多廟裏孔子關羽觀音太上老君同在一個神龕上這是極平常的現象若不了解中國人崇德報功的思想一定覺得很奇怪其實崇德報功只一用意無論他的履歷怎樣何妨同在一廟呢譬如后稷和貓都有益於農耕農人也常常同等供祀又有何不可呢

做中國宗教史依我看來應該這樣做某地方供祀某種神最多可以研究各地方的心理某時代供祀某種神最多可以研究各時代的心理這部分的敍述纔是宗教史最主要的至於外來宗教的輸入及其流傳只可作爲附屬品此種宗教史做好以後把國民心理的眞相可以多看出一點比較很泛膚的敍述各教源流一定好得多哩

戊　學術思想史

中國學術不能靠一部書包辦最少要分四部

子　道術史——卽哲學史

丑　史學史

寅　自然科學史

卯　社會科學史

四部合起來未嘗不可然性質既各不同發展途逕又異盛衰時代又相參差所以與其合併不如分開現在先講道術史的做法

子　道術史的做法

中國道術史看起來很難做。幾千年來的道術。合在一起。要想系統分明很不容易。不過若把各種道術分爲主系閏系旁系三類。好好的去做也不是很難。主系是中國民族自己發明組織出來有價值有權威的學派。對於世界文化有貢獻的。閏系是一個曾做主系的學派出來以後。繼承他的不過有些整理解釋的工作。也有相當的成績的。旁系是外國思想輸入以後消納他或者經過民族腦筋裏一趟。變成自己的所有物。乃至演成第二回主系的思想的。幾千年來的思想認定某種屬某系。有了綱領比較的容易做。

主系思想有價值的不過兩個時代。一。先秦二。宋明（包括元代）要做中國道術史。可以分做上下兩篇。分講先秦宋明兩個主系。但非有眞實的學問加精細的功夫不可。

所謂閏系如漢朝到唐初對於先秦的學術。淸朝對於宋明是閏系。因爲漢唐人的思想不能出先秦人的範圍。淸人的思想不能出宋明人的範圍。雖然東漢以後已有一部分旁系發生。淸朝也有一部分旁系發生。但閏系的工作仍佔一部分。不妨分別敍述。

所謂旁系最主要的是六朝隋唐間的佛學。那時代把佛學輸入以後。慢慢的消化。經過一番解釋。準備做第二回的主系。這個旁系和第一回主系先秦沒有關係。但是宋明主系的準備。還有一種旁系。就是現代。再追遠一點到明中葉基督敎的輸入。但那時的關係很微。到最近三四十年纔發達。此刻的旁系比隋唐的佛學還弱的很。將來在學術上的位置很難講。倒有點像東晉南北朝的樣子。離隋唐尙遠。東晉時佛敎各派思想都已輸入。但研究者僅得皮毛。還沒有認眞深造的工作。中間經幾百年到隋唐而後纔有很體面的旁系出現。因旁系的體面而有融會貫通自創一派的必要。現在的中國，我們希望更有一個主系出現，和第一主系第二主系都要不同。纔好。宋明思想和先秦思想，好壞另是一件事，性質可絕不相同。旁系發達到最高潮，和過去的主系結婚，產生一新主系。這是宋明道術的現象。現在的中國也有這種產生第三主系的要求，但主系產生的遲早，要看我們努力的程度如何。此刻努力，主系可以早出現。此刻不努力或努力不得其方，恐須遲延到若干年後。但第三主系的產生，始終必可實現。因爲現在正是第二旁系輸入中國的時期。

若是拿上述那種眼光來做道術史，並不難做。做的時候，全部精神集中到主系。第一主系，範圍旣廣，方面又多，要說明他是很困難。但是細細辨別起來，也還容易。春秋戰國以前，都是醞釀時代，可由詩經書經左傳所載說明白古代思想的淵源。春秋戰國——卽先秦——是主系的所在。那時各家的著作，打開漢書藝文志或二十二子百子全書一看，似乎浩如煙海。其實若仔細分別一下，眞的先秦書，實在不多，屈指可數。做道術史做到先秦，最要緊的是分派。分派的主張各人不同：司馬談分爲六家，劉歆班固分爲九流十家，其實都不很對。老實講，只分儒道墨三家就夠了。再細一點，可加上陰陽家及法家。而最重要的仍是前三家。能把這三家認識得淸楚，分別得準確，敍述得詳明，就很好了。陰陽家，如鄒衍一派，沒有幾本書。漢初以後的陰陽家是否先秦鄒衍這派，很值得研究。

第一閏系，就是第一主系的餘波。從全部思想看來，不能佔重要的位置。他的敍述，不能和第一主系平等看待。這時第一要緊的事，就要把各家的脈絡提淸，看他如何各自承受以前的學風，如何各自解釋本派的學說，如何本派又分裂爲幾派，如何此派又和彼派混合。儒家，戰國末已分爲八派，須要分別說明。漢朝那般經學家，墨守相傳的家法。有許多迂腐離奇的思想。須要看他如何受陰陽家的影響。道家如淮南子在閏系中很有價值。那些派別須要分清。墨家思想到漢朝已中絕。但也有見於他書的。如春秋繁露一部分是陰陽家的思想。另一部分是墨家的思想。

無論那派。當一大師創造提倡之時。氣象發皇。有似草木在夏天。其先慢慢的萌芽長葉含苞吐蕊。有似草木在春天。其後落華取實。漸至凋落。有似草木在秋天。又後風采外謝。精華內蘊。有似草木在冬天。譬如第一主系的先秦。各家都忙於創作。未暇做整理的工夫。其先當然是醞釀時期。沒有急遽的進步。其後到西漢。各家都不去創作。專事整理。在前未入完成的部分。經這期的人加添潤飾。果熟蒂落。在前未應用到社會的部分。經這期的人一一實現到社會應用上去。社會都受其賜了。關於後者。漢朝在政治史上所以佔重要位置。在道術史上所以是閏系。都因享受先秦的結果。如儒家經過西漢二百年儒者的傳習理解。已竟深入人心。到東漢便實現到社會上去。像收穫果實一樣。所以東漢的政治組織。民衆風俗。在中國是小小的黃金時代。關於前者。漢朝在秦皇焚書之後。書籍殘缺。耆宿彫落。後輩欲治先秦的學問。眞不容易。所以一般學者專事解釋先秦著作。不知創作。但因古文字可以有多方面的解釋。各家墨守祖說。互爭小節。思想變爲萎靡不振的現象。而且一種學術。無論如何好。總有流弊。況經輾轉傳說。也不免有失眞象。所以一種學術應用到社會上算是成功。也就因此腐壞。有如果實爛熟而發生毛病一樣。所以研究閏系思想。一方面看他們如何整理解釋。不忘他們工作的功勞。一方面也要注意他們彼此做無聊的競爭。生出支離破碎的現象。所以敍述閏系和敍述主系不同。對於第一主系的幾派。要詳細研究其內容的眞相。對於第一閏系卻可不必。漢朝十四博士的設立。乃至各博士派別的差異。我們可以不必管他。主系須看內容。閏系只看大概。只看他們一羣向那裏走。我們做第二主系。用此做法。並不很難。

第一旁系的發生。很重要。佛教到底應擺在宗教史還應擺在道術史。很費斟酌。單做佛教史。當然可以詳說。但做道術史。則仍以擺在道術中爲是。在中國的佛教。惟淨土宗及西藏蒙古的喇嘛教應擺在宗教方面。因爲縱使他們有相當的哲理。而在中國本部文化上的影響很少。卽西藏蒙古人之信仰喇嘛。也並不因他有哲理。所以應該收入宗教裏。此外。自隋唐以來。最初的毗曇宗到三論宗攝論宗。小乘的毗曇宗。大乘的教下三家——天台宗華嚴宗法相宗。乃至禪宗。都關於哲理方面。大多數的佛教徒。信宗教的成分。不如研究哲理的成分多。簡單講。除密宗在蒙藏應列入宗教史以外。其他都應收入道術史。這部分工作。頗不容易。第一要說明原始佛教何如。印度佛教的分化發展何如。因爲要想了解新婦的性情。非先了解她的娘家不可。所以先應忠實的看佛教起原及其分化發展。然後可敍中國的佛教。第二東漢三國西晉南北朝是翻譯時期。但能吞納。不能消化。所以應該敍述那時輸入的情況何如。輸入了些甚麼東西。那些譯本是否能得原本眞相。沒有錯誤。第三最主要的唐朝教下三家。要集中精神去說明。法相宗從印度由玄奘帶來。玄奘以前。只是印度人講。到玄奘譯著成唯識論。纔開這個宗派。但成唯識論是玄奘及其弟子窺基把釋伽牟尼以後十家的道術匯合翻譯。參以己意。纔做成的。此種譯著。爲功爲罪。尚不分明。十家的內容。很難分別。其中以護法爲主。而其餘九家。不易看出。十家的道術。經過玄奘窺基的整理。去取之間。很有選擇。雖說原是印度人的思想。但其中實參加了中國幾個大師的成分。天台宗是智者大師所創。後來印度來的許多大師都很佩服他。認眞看起來。天台宗的確和印度各宗不同。許多人攻擊他。以爲不是眞佛敎。其實這種不純粹的洋貨。我們治學術史的人尤其要注意。華嚴宗不是純粹出自中國。也不是純粹出自印度。乃出自現在新疆省的于闐。佛敎到于闐才發生華嚴宗。華嚴宗到中國本部纔成熟。至少不是印度的——所以所謂敎下三家。可說完全都是中國的。此外敎外別傳。如禪宗神話說是達摩自印度傳來的。我們研究的結果。不肯相信。他所謂西方二十八祖。全是撐門面的。實在只有五祖和慧能。純是中國的學派。所以禪宗的學風。也純是中國的創作。應該和敎下三家同樣的用力敘述。

佛敎雖是旁系。但做起來的時候。應該用做主系的方法去研究。因爲起初雖自外來。但經過中國人消化一次。也含有半創作性。所以除了簡單講印度佛敎的起原和變遷以後。主要各宗派在中國的。應該用研究先秦各家的方法去研究。看他不同之點何在。主要之點何在。這是做中國道術史比較的困難所在。其實也並不困難。因爲書籍儘管多。要點只是這幾個。不過我們沒有研究。心驚便是了。只要經過一番研究。得着綱領。做起史來實在容易。

旁系之中。附帶有他的閏系。講亦可。不講亦可。若是順便講的話。佛敎的創作至唐開元而止。中唐以後及五代。便是佛敎的閏系。後來法相宗的消滅。華嚴宗的衰微。天台宗的分裂爲山內山外。禪宗的分爲五派。自來講中國佛敎掌故的最喜歡講這些東西。實在這都是閏系的話。旁系的主要點全在內容的說明。

現在有許多人感覺做中國道術史的困難。以爲三國到隋唐實在沒有資料。其實那有一個這麼長的時代而沒有道術之理。他們把這時代省去。中間缺了一部分。還那裏成爲道術史。再則這部分工作如果落空。宋明哲學——第二主系思想——的淵源如何看得出來。所以認眞做中國道術史的人應當對於第一旁系——佛教——加以特別的研究。

再往下就是第二主系——宋明道術。宋儒自稱直接孔孟心傳。不承認與佛教有關係。而且還排斥佛教。另一方面對他們反動的人攻擊他們。以爲完全偷竊佛教唾餘自己沒有東西清代的顏元戴震和近代的人連我自己少時也曾有這種見解。其實正反兩方都不對說宋明道術完全沒有受佛教的影響固然非是。說宋明道術自己沒有立脚點也是誤解。簡單講儒家道家先秦兩漢本有的思想和印度佛教思想結婚。所產生的兒子。就是宋明道術。他含有兩方的血統說他偏向何方都不對。思想的高下雖可批評。然實在是創作的先秦主系都是鞭辟近裏把學術應用到社會上去。兩漢閏系專門整理解釋。離實際生活太遠了。宋明學者以漢唐的破碎支離的學問繁瑣無謂的禮節與人生無關。乃大聲疾呼的說要找到一種人生發動力纔算眞學問。所以超越閏系。追求主系本來面目如何其與社會有如何的關係。宋明道術所以有價值。就在這一點。但他們所謂回到本來面目。是否達到。卻不敢說。不過以古人的話啓發他自己的思想。實在得力於旁系的影響。當宋朝的時候佛教旁系已成了閏系。派別很多。法相宗華嚴宗雖已消滅。天台宗禪宗卻分爲好幾派。和兩漢今古文之爭一樣。互相攻擊。對於社會人心倒沒有多大關係。但一般學者因苦於漢唐經學之茫無頭緒。總想在佛經上求點心得。如二程朱子之流少年皆浮沉於佛教者若干年。想在那方解決人生的究竟。但始終無從滿足這種欲望。所以又返而求之於先秦。研究佛經時雖未能解決人生問題。但已受有很深的影響。以後看先秦書籍時。就如戴了望遠鏡或顯微鏡沒有東西的地方也變成有東西了。一方面。整個社會經過佛教數百年的熏炙。人人心裏都受了感染。所以一二學者新創所謂道學。社會上雲起風湧的就有許多人共同研究而成爲燦爛發皇的學派。

我們研究這個主系家數雖多，但方面不如第一主系的複雜。第一主系儒道墨三家分野很清楚。第二主系，許多家數所討論的不過小問題，不可多分派別。依普通的講法可分程朱陸王二派。其餘各小派，可以附帶擇要敍述。如北宋的邵雍歐陽修王安石南宋的張栻呂祖謙陳亮葉適等。這樣比較的可以容易說明，免去許多麻煩。

再下去是第三閏系，就是清朝道術。但清朝一方面雖是宋明的閏系，一方面又是作未來主系的旁系。所謂第二閏系，即清朝的宋學家。他們一方面作宋明的解釋，一方面卽作先秦的解釋。清朝主要的思想家有影響的眞不多。其中有許多大學者，如高郵王氏父子，不能說是思想家，不過工作得還好而已。對於道術史全部分無大影響。

統觀清代諸家，考證家可以補第一閏系的不足。理學家可以做宋明的閏系。中間又有旁系的發生，無形中受了外來的影響。就是顏元戴震一派。顏戴並不奉信基督教，也許未讀西文譯本書。但康熙朝基督教很盛，往後教雖少衰，而思想不泯。學者處這種空氣中自然感受影響，也想往自然科學方面走。不過沒有成功。就是現在往後要把歐美思想儘量的全部輸入。要了解，要消化，然後一面感覺從前學術不足以解決我們的問題，一面又感覺他們的學術也不足以解決他們的問題。然後交感而生變化，作用纔可以構成一種新東西。做道術史到最後一章，要敍述現在這個時代，是如何的時代。閏系的工作過去了，旁系的工作還沒有組織的進行，發生主系的時間還早——給後人以一種努力的方向。

理想的中國道術史大概分這幾個時代抓著幾個綱領做去並不困難或全部做或分部做都可以

丑　史學史的做法

史學若嚴格的分類應是社會科學的一種但在中國史學的發達比其他學問更利害有如附庸蔚爲大國很有獨立做史的資格中國史學史最簡單也要有一二十萬字纔能說明個大概所以很可以獨立著作了。

史學的書在七略和漢書藝文志並未獨立成一門類不過六藝略中春秋家附屬之一隋書經籍志依魏荀勗新簿之例分書籍爲經史子集四部史佔四分之一著作的書有八百六十七部一萬三千二百卷比較漢志大大的不同可見從東漢到唐初這門學問已很發達了。

這還不過依目錄家言實則中國書籍十之七八可以歸在史部分部的標準各目錄不概同隋志的四部和四庫全書的四部名同而實異範圍很不一致單就史部本身的範圍而論可大可小若通盤考察嚴格而論經子集三部最少有一半可編入史部或和史部有密切的關係

如經部諸書王陽明章實齋都主張六經皆史之說經部簡直消滅了寬一點易經詩經可以不算史尚書春秋當然屬史部禮講典章制度風俗依隋志的分法應歸入史部尚書春秋禮既已入史部三傳二記也跟了去經部剩的還有多少。

子部本來就分得很勉强七略漢志以思想家自成一家之言的歸子部分九流十家比較還算分得好但那些子書和史部可很有關係如管子和晏子春秋韓非子講的史事極多幾乎成爲史部著作漢後思想家很少綜

核名實配不上稱子而入子部的最少有一半那些子書所以存在全因他紀載了史事即如史記紀載史事司馬遷當初稱他太史公書自以爲成一家之言若依規例自然應歸子部可見子部史部本來難分前人強分只是隨意所欲並沒有嚴格的分野

集部漢志詩賦略所載諸書純是文學的後來的集章實齋以爲即是子因其同是表示一人的思想如朱子全集王陽明全集雖沒有子的名稱但已包舉本人全部思想又並不含文學的性質爲什麼又入集部不入子部呢如杜甫集李白集純是文學的猶可說若朱子集陽明集以及陸象山集戴東原集絕對不含文學的性質的拿來比附漢志的詩賦略簡直一點理由也沒有我們是絕對不認可的集部之所以寶貴只是因爲他包含史料如紀載某事某人某地某學派集部裏實在有三分之二帶史部性質就是純文學的作品包含史料也不必少如杜甫集向來稱做詩史凡研究唐玄宗代宗肅宗諸朝的情形的無不以杜甫集做參考這還可說特別一點其餘無論那一部集或看字句或看題目可以說寶貴的史料仍舊到處都是不必遠徵前年我講中國文化史社會組織篇在各家文集詩句裏得了多少史料諸君當能知道以此言之純文學的作品也和史部有關

所以中國傳下來的書籍若問那部分多還是史部中國和外國不同外國史書固不少但與全部書籍比較不如中國中國至少佔什之七八外國不過三分之一自然科學書外國多中國少純文學書外國也多中國也少哲學宗教的書外國更多中國更少

此何以故中國全個國民性對於過去的事情看得很重這是好是壞另一問題但中國人「回頭看」的性質很強常以過去經驗做個人行爲的標準這是無疑的所以史部的書特別多

中國史書既然這麼多幾千年的成績應該有專史去敍述他可是到現在還沒有也沒有人打算做眞是很奇

怪的一種現象。（名達案民國十四年九月名達初到清華研究院受業於先生。即有著中國史學史之志。曾向先生陳述。至今二年。積稿頗富。惟一時尚不欲草率成書耳。）

中國史學史最少應對於下列各部分特別注意。一。史官二。史家三。史學的成立及發展。四。最近史學的趨勢。

最先要敍史官。史官在外國並不是沒有。但不很看重。中國則設置得很早。看待得很尊。依神話說。黃帝時。造文字的倉頡。就是史官。這且不管。至遲到周初。便已看重史官的地位。據金文——鐘鼎文——的紀載。天子賜鐘鼎給公卿諸侯。往往派史官做代表。去行給獎禮。周公時代的史佚。見於鐘鼎文。就不下數十次。可見他的地位很高。他一人如此。可見他那時和他以前。史官已不是輕微的官了。殷墟甲骨文。時代在史佚之前。已有許多史官名字。可知殷代初有文字。已有史官。尚書的王命顧命兩篇。有史官的事實。這是見於書籍的紀元。左傳紀載晉董狐。齊北史氏的直筆。稱道史官的遺烈。可見在孔子以前。列國都有史官。不獨天子。孟子說。「晉之乘。楚之檮杌。魯之春秋。其實一也。」墨子說。曾見百國春秋。左傳記晉韓宣子聘魯。觀書於太史氏。得魯易象與春秋。可見春秋戰國時代。列國都有春秋一體的史書。而且都是史官記的。所以後來司馬遷叫他「諸侯史記」。晉太康三年。汲郡發掘晉襄王冢。得到的許多書中。有一部似春秋。紀載黃帝以來的事實。自晉未列為諸侯以前以周紀年。自魏未為諸侯以前以晉紀年。自魏為諸侯以迄襄王。以魏紀年。而且稱襄王為今王。這部書。當時人叫他竹書紀年。後來佚了。現在通行的是假書。王靜安先生所輯的略為可靠。據晉書所載。竹書紀年的體裁。竹書紀年。當然是魏史官所記。和魯史記的春秋一例。其餘各國史官所記。給秦火焚燬了。想來大概都是竹書紀年一體。而且各國都有史官。職掌這事的。還有一點值得注意。竹書紀年的紀載。從黃帝堯舜一直到戰國。雖未必全眞由後人追述的也有。但亦必有所本。不能憑空杜撰。其中所載和儒家傳說矛盾的。如啓殺伯益。伊尹殺太甲。夏年多於殷。亦必別有所本。他又並不瞞造謠言。有許多記載已給甲骨文鐘鼎文證明是事實。這可見魏史官以前有晉史官。晉史官以前有周史官。周史官以前有殷史官……一代根據一代。所以纔能把遠古史事留傳下來。雖然所記不必全眞全精。即此粗忽的記載。在未能證明其爲全僞以前。可以斷定中國史官的設置是很早很早的。最低限度。周初是確無可疑的已有史官了。稍爲放鬆一點。夏商就有。亦可以說中國史學之所以發達。史官設置之早。是一個主要原因。

其次。史官地位的尊嚴。也是一個主要原因。現在人喜歡講司法獨立。從前人喜歡講史官獨立。左傳裏有好幾處。紀載史官獨立的實蹟。如晉董狐在晉靈公被殺以後。書「趙盾弒君」。趙盾不服。跟他辯。他說你逃不出境。入不討賊。君不是你弒的是誰。趙盾心虛。只好讓他記在史冊。又如崔杼殺齊莊公。北史氏要書「崔杼弒君」。崔杼把他殺了。他的二弟又要書。崔杼把他的二弟殺了。他的三弟不怕死。又跑去要書。崔杼短氣。不敢再殺。只好讓他。同時南史氏聽見崔杼殺了幾個史官。趕緊跑去要書。看見北史氏的三弟已經成功了。纔回去。這種史官是何等精神。不怕你奸臣炙手可熱。他單要捋虎鬚。這自然是國家法律尊重史官獨立。或社會意識維持史官尊嚴。所以好的政治家不願侵犯。壞的政治家不敢侵犯。侵犯也侵犯不了。這種好制度不知從何時起。但從春秋以後。一般人暗中都很尊重這無形的紀律。歷代史官都主張直筆。史書做成也不讓皇帝看。固然甚麼制度。行與不行。都存乎其人。況且史官獨立。半是無形的法典。譬如從前的御史本來也是獨立。但是每到末世。就變皇帝大臣的走狗。又如民國國會的豬仔。祇曉得要錢。那懂得維持立法獨立。就是司法獨立也不過名義上的實際上還不是給軍閥闊人支配。但是只要有這種史官獨立的精神。遇有好史官便可以行其志。別人把他沒有法子。差不多的史官也不敢恣意曲筆。

除了這點獨立精神以外。史官地位的高貴也很有關係。一直到清代。國史館的纂修官一定由翰林院的編修兼任。翰林院是極清貴的地方。人才也極精華之選。平常人稱翰林爲太史。一面尊敬。一面也就表示這種關係。一個國家。以如此地位。妙選人才以充其選。其尊貴爲外國所無。科舉爲人才唯一出身之途。科舉中最清貴的是太史。可以說以全國第一等人才做史官了。

史官在法律上有獨立的資格。地位又極尊嚴。而且有很好的人才充任。這是中國史學所以發達的第二原因。但是到民國以後就糟了。自史佚以來未曾中斷的機關。到現在卻沒有了。袁世凱做總統的時候。以國史館總裁位置王壬秋。其實並不曾開館。後來就讓北京大學吞併了一次。最近又附屬於國務院。改名國史編纂處。獨立精神到現在消滅。是不應當的。幾千年的機關。總算保存了幾千年的史蹟。雖人才有好壞。而紀載無間缺。民國以來怎麼樣。單是十六年的史蹟。就沒有法子詳明的知道。其故只因爲沒有專司其責的國史館。私人作野史。固可以補史官的不及。但如明末野史很發達。而萬季野主張仍以實錄爲主。史官所記固或有曲筆。私人所記又何嘗沒有曲筆。報紙在今日是史料的淵藪了。但昨天的新聞和今日矛盾。在甲軍閥勢力下的報紙和在乙軍閥勢力下的參差。你究竟相信誰來。——所以做史學史到敘述史官最末一段。可以講講國史館的設立。和史官獨立的精神與史官地位的尊嚴之必要。

史學史的第二部分要敘述史家。最初史官就是史家。不能分開。到後來。仍舊多以史官兼史家。但做史學史。在史官以外，應從史家兼史官的或史家不是史官的看他史學的發展。這部分資料歷代都很少。以一種專門學問自成一家，比較的要在文化程度很高以後，所以春秋以前不會有史家。歷史學者假如要開會館找祖師，或者可用孔子，因春秋和孔子有密切的關係。孔子雖根據魯史記作春秋，但參雜了很多個人意見。春秋若卽以史爲目的，固然可叫做史，卽使在史以外另有目的，亦可以叫做史。本來紀載甚麼東西，總有目的，凡作史總有目的，沒有無目的的歷史。孔子無論爲哲學上政治上有其他目的，我們亦不能不承認他是史家。卽使他以紀載體裁發表政見，春秋仍不失爲史學著作的一種。其後最昭明較著的史家，當然是國語左傳的作者。無論他姓甚名誰，大概推定其年代不出孔子死後百年之內。這個史家是否晉史官，我們也不敢斷定。據我看，做左氏春秋的人不見得是史官。因史官是國家所設，比較的保守性多，創作性少，但也不敢確定。若是一個史官，則實是一個最革命的史官了。魯春秋和竹書紀年大概是同一體裁，都是史官所記，和左氏春秋不同。左氏春秋的範圍很廣，文章自出心裁，描寫史蹟，帶有很濃厚的文學性質。眞的史家開山祖，當然要推崇這個作者了。這作者的姓名事蹟雖待考訂，而這部書的價值應該抬高，因爲自這部書出現以後，史學的門徑纔漸漸打開了。史記稱孔子春秋以後，有左氏春秋、虞氏春秋、呂氏春秋、鐸氏微，都是承風後起的。現在只有呂氏左氏二種，餘皆不存。那些若和呂氏一樣，不能說；若和左氏一樣，應屬史家之類。漢初有一位史家，名叫陸賈，著了一部楚漢春秋，可惜那書不傳，不知內容怎樣。——以上諸家，都脫不了春秋的窠臼。

以下就是司馬遷作史記，史學因之轉變方向。史記這書的記載並不十分眞確，南宋以後，有許多人加以攻擊。但是無論如何，不能不承認是一種創作，他的價值全在體裁的更新，舍編年而作紀傳書表。至於事蹟的擇別，年代的安排。他是沒有工夫顧到的。自司馬遷以後。一直到現在快出版的淸史都用史記這種體裁。通稱正史。自隋志一直到最近的各種藝文志和藏書目。史部頭一種就是正史。正史頭一部就是史記。雖說編年體發達在先。但紀傳體包括較廣。所以唐人稱爲正史。普通人以爲紀傳體專以人爲主。其實不然。史記除紀傳以外。還有書表。表是旁行斜上。仿自周譜。但周譜只有譜。史記則合本紀列傳書表在一起。而以表爲全書綱領。年代遠則用世表。年代近則用年表月表。或年經國緯。或國經年緯。體例很複雜。本紀是編年體。保存史官紀載那部分。書八篇是否司馬遷原文。做得好不好。另一問題。但書的內容。乃是文化史。不是單講個人。史記八書所範圍的東西已很複雜。後來各史的書志發展得很厲害。如漢書的藝文志。隋書的經籍志。魏書的釋道志。多麼寶貴。所以紀傳體的體裁。合各部在一起。記載平均。包羅萬象。表以收複雜事項。志以述制度風俗。本紀以記大事。列傳以傳人事。伸縮自如。實在可供我們的研究。我們不能因近人不看志表。也駡紀傳體專替古人做墓志銘。專替帝王做家譜。我們儘可依各人性之所近去研究正史。如晉書好敍瑣碎事。滑稽語。元史多白話公文。這都保存了當時原形。這都因體裁的可伸可縮。沒有拘束。所以司馬遷創作這種體裁。實在是史學的功臣。就是現在做淸史。若依他的體裁。也未嘗不可做好。不過須有史學專家。不能單靠文人。自從他這個大師打開一條大路以後。風起雲湧。續史記者有十八人。其書雖不傳。但可見這派學風在西漢已很發達了。

司馬遷以後。帶了創作性的史家是班固。他做的漢書內容比較史記還好。體裁半是創作。就在斷代成書這點。後來鄭樵駡他毀滅司馬遷的成法。到底歷史應否斷代。還有辯論的餘地。但斷代體創自班固則不可誣。從此以後。斷代的紀傳體歷代不絕。竟留下了二十餘部。稱中國歷史必曰二十四史。二十四史除史記外。都是斷代的紀傳體。談起這體的開山祖。必曰班固。所以班固須佔史家史的一段。

再次是荀悅。卽漢紀的作者。史的發達。編年在先。紀傳在後。司馬遷以前全是編年。以後紀傳較盛。但仍感有編年的必要。漢紀卽編年體。荀悅的地位同於班固。班固變通代的紀傳體爲斷代的。荀悅也變通代的編年爲斷代的。所以荀悅也須一敍。以表示這種趨勢。

第一期的史家有這麼多。也有一等二等之分。經過這一期以後。「千巖競秀、萬壑爭流」的史家多極了。據劉知幾的計算。自東漢到唐初不下百餘家。這是史學極盛時期。單是晉書就有十八家。做過自唐代官修晉書出而十八家全廢。此外宋齊梁陳北魏北周北齊以及稍前的五胡十六國。或編年。或紀傳。無不有史。卽無不有史家。但那時著作。多半因襲。沒有創作。自唐初以前。作者或兼史官。或以私人作史。而後來得國家的幫助。國家把他當史官看待。或竟用私人力量著成一書。這都受司馬遷班固的影響。這些人和唐以後不同。都是一個人獨立做史。或父子相傳。或兄弟姊妹同作。他們的成功與否。成功的大小。另是一問題。但都想自成一家之言。不願參雜別人的見解。和唐後官修史書完全異致。

唐以後。史學衰歇。私人發宏願做史家的很少。國家始設立館局。招致人才。共同修史。這種制度。前代也許有。但都是暫時的。到唐代纔立爲法制。但有很多毛病。當時劉知幾已太息痛恨。而終不能改。劉知幾是史官中出類拔羣的。孤掌難鳴。想恢復班固的地位而不可能。只好悶煩鬱結。著成一部講求史法的史通。他雖沒有作史的成績。而史學之有人研究。從他始。這好像在陰霾的天氣中打了一個大雷。驚醒了多少迷夢。開了後來許多法門。這可以讓第三部分講。

宋朝有好幾部創作．(1)歐陽修的新五代史記．好不好．另一問題．但在史家的發達變遷上．不能不推爲一個復古的創作者．他在隋唐五代空氣沉悶以後．能夠有自覺心．能夠自成一家之言．不惟想做司馬遷．而且要做孔子．這種精神是很可嘉尙的．他在新五代史記以外．還和宋祁同修了唐書．唐書的志這部分是他做的．很好．只有明史的志可和他相比．表這部分．如宰相世系表．也算創作．所以歐陽修所著的書．不管他好不好．而他本人總不失爲「發憤爲雄」的史家．(2)司馬光的資治通鑑．價值不在史記之下．他的貢獻．全在體裁的創作．自荀悅作漢紀以後．袁宏作後漢紀．干寶作晉紀．都是斷代的編年體．到資治通鑑纔通各代成一史．由許多史家分擔一部．由司馬光綜合起來．簡繁得宜．很有分寸．文章技術．不在司馬遷之下．先頭作了長編．比定本多好幾倍．後來又另作考異．說明去取的來由．作目錄．提挈全書的綱領．體例極完備．考異的體例尤其可貴．我們學古人著書．應學他的方法．不應學他的結果．固然考異的方法司馬光也運用得不曾圓滿．我們還可糾正．但不相干．只要他能夠創作這種方法．就已有莫大的功勞．自有此法以後．一部史書著成．讀者能知道他去取的原因根據的所在．所以司馬光在史學的地位．和司馬遷差不多相等．(3)司馬光附屬的第二流史家是朱子．朱子就資治通鑑編成通鑑綱目．雖沒有做好．自不失爲小小的創作．他改直敍的編年體爲和春秋左氏傳一樣的綱目體．高一格爲綱．低一格爲目．其注意點在綱．借綱的書法來發揮他的政治理想．寓褒貶之意．他最得意的地方．如三國的正統．改魏爲蜀等．其實沒有多大關係．其好處在創造綱目體．使讀者一看綱就明白一個史事的大概．這種體裁還可運用到編年以外的體裁．紀傳可用．書志也可用．如後來錢子文補漢兵志．錢德洪作王陽明年譜．就用這體．這體的好處．文章乾淨．敍述自由．看讀方便．但創造這體的人是誰．還有問題．元經若是王通或阮逸所作。則這體是他們所創。但不可靠。無論如何用綱目體來做史。自朱子起則可無疑。所以朱子可稱史家。(4)朱子前一點。最偉大的是鄭樵。他以爲歷史如一個河流。我們若想抽刀斷水是不可能的。所以以一姓興亡爲史的起迄。是最不好的。因此創作一部通志上自極古下至唐初。這種工作。梁武帝和他的臣子也曾做過。隋志載他們做的通史有四百八十卷。可惜不傳。不知其內容怎樣。鄭樵在史學界理論上很有成績。實際上的工作如做通志可謂大失敗。通志的運氣好。至今仍保存。後來史學家批評他。紀傳一大堆儘可焚燬。因爲全抄各史。毫無新例。只有二十略可看。他所以不致失傳。也許因爲有二十略的成功。二十略貫通各史書志。擴充文物範圍。發明新穎方法。在史學界很佔着地位。足令鄭樵不朽。(5)此外爲袁樞的通鑑紀事本末。這書就資治通鑑的史事。摘要歸類。各標一題。自爲起迄。論他紀事。大小輕重頗覺不倫。論他體例。在紀傳編年之外。以事的集團爲本位。開了新史的路徑。總不愧爲新史的開山。(6)還有蘇轍呂祖謙一派的史論家。對於史事下批評。此種史論。隋志已載有三國志評論等書。惜已失傳。不知其是評史事是評史書。從前紀傳體每篇末尾必有幾句短評。但沒有專門評論的。宋朝有許多專門作史評家的。在史學界有相當的地位。(7)還有羅泌做路史。敍先秦以前。選擇資料最不精嚴。但用的方法很多。有許多前人所不注意的史蹟他也注意到。在史學界也有點價値。(8)吳縝作新唐書糾繆新五代史記糾繆。雖專用以攻擊歐陽修。但間接促起史家對於史事要審査眞僞的注意。開後來考證史事一派。關係比前二種重要得多。——人們只說宋朝理學發達。不知史學也很發達。

一到元明。簡直沒有史家。史官修的宋史元史都很糟。中間只有金遺民元好問專門收羅文獻。以史爲業。可謂有志之士。明朝有許多野史。卻沒有一個眞的著作家。清朝的史學。各種都勃興。但大體的趨向和從前不同。留在第四部分講近代史學界趨勢時。講史家的敍述就此停止。

第三部分講史學之成立及其發展。凡一種學問要成爲科學的。總要先有相當的發展。然後歸納所研究的成績纔成專門。先頭是很自由的發展。茫無條理。後來把過去的成績整理。建設科學。沒有一種科學不是如此成立的。所以一個民族研究某種學問的人多。那種學問成立也更早。若研究的人少。發達也更遲。自成爲科學以後。又發現許多原則。則該科學更格外發展。先有經驗。纔可發現原則。有了原則。學問越加進步。無論那門學問。其發達程序皆如此。史學在中國發達得最厲害。所以成立得也最早。這也是和各科學發達程序相同。

又從旁一方面看。凡一種學問。當其未成立爲科學以前。範圍一定很廣。和旁的學問分不清。初成科學時。一定想兼併旁的學問。因爲學問總是有相互的關係。無論何學。皆不能單獨成立。所以四方八面都收納起來。後來旁的學問也漸漸成爲科學。各有領土。分野愈分愈細。結果要想做好一種學問。與其採帝國主義。不如用門羅主義。把旁的部分委給旁的學問。縮小領土。在小範圍內。盡力量越窄越深——全世界學問進化分化的原則如此。中國人喜歡籠統的整個的研究。科學的分類很少。這也不能說不好。不見得要分纔是好。現在德國人做學問。分得很細。英國人則帶海洋性。甚麼都含混點。兩方面各有好壞。但爲研究學問的便利起見。分得精細也有好處。因爲要想科學格外發展。還是範圍縮小。格外經濟。中國史學成立以後的最大趨勢。就如此。最初很寬。以後愈趨愈細。從前廣大的分野。祇能認爲有關係的部分。把範圍縮小到自己所研究那一點。

中國史學的成立與發展。最有關係的有三個人。一、劉知幾。二、鄭樵。三、章學誠。此外很多史家。如上文所講在史學方面零零碎碎都講了些原理原則把史學的範圍意義及方法都各各論定了但在許多人裏邊要找出幾個代表時代特色而且催促史學變化與發展的人就只有這三個他們都各有專著討論史學劉知幾有史通鄭樵有通志總序及二十略序章學誠有文史通義及湖北通志永淸志亳州志和州志各序例此三人要把史學成爲科學那些著作有很多重要見解我們要研究中國史學的發展和成立不能不研究此三人此三人的見解無論誰都值得我們專門研究現在只能簡單的講些他們的特點何在

先講劉知幾劉知幾的特點把歷史各種體裁分析得很精細那種最好某種如何做法都講得很詳明他的見解雖不見得全對但他所批評的有很大的價值(1)史學體裁那時雖未備而他考釋得很完全每種如何做法都引出個端緒這是他的功勞(2)他當代和以前史的著作偏於官修由許多人合作他感覺這很不行應該由一個專家拿自己的眼光成一家之言他自己做了幾十年的史官身受官修合作不能成功的痛苦所以對於這點發揮得很透徹(3)史料的審查他最注重他覺得作史的人不單靠搜集史料而已史料靠得住靠不住要經過很精嚴的審查纔可用他膽子很大前人所不敢懷疑的他敢懷疑自論語孟子及諸子他都指出不可信的證據來但他不過舉例而已未及作專書辨僞而且他的懷疑也許有錯誤處不過他明白告訴我們史事不可輕信史料不可輕用這是劉知幾所開最正當的路其他工作還很多舉其著者有此三條

鄭樵成績最大的(1)告訴我們歷史是整個的分不開因此反對斷代的史主張做通史打破歷史跟著皇帝的觀念歷史跟著皇帝是不妥當的歷史如長江大河截不斷要看全部鄭樵主要工作在做通志雖未成功或者也可以說是已失敗但爲後學開一門徑也是好的(2)他把歷史的範圍放大了許多我們打開二十略一

看。如六書。七音。氏族。校讎。圖譜。從來未收入史部的。他都包攬在史學範圍以內。(3)他很注重圖譜。說治史非多創圖表不可。他自己做的書表很多。表式也很有新創。圖雖沒有做多少。但提倡得很用力。——這三點是鄭樵的貢獻。

章學誠可以說。截至現在。只有他配說是集史學之大成的人。以後也許有比他更大的發展。但有系統的著作。仍以文史通義爲最後的一部。他的特色。(1)他主張史學要分科。以爲要做一國史。尤其如中國之大。決不能單講中央政治。要以地方史作基礎。所以他對於古代歷史的發展。不單看重中央的左史右史。還看重地方的小史。史的基本資料。要從各種方志打底子。從前做史專注意中央政治的變遷。中央政府的人物。中央制度的沿革。章學誠把歷史中心分散。注重一個一個地方的歷史。須合起各地方志。纔可成爲眞有價值的歷史。史官做史。須往各地搜羅文獻。卽自己非史官。也應各把地方文獻搜羅。方志與歷史價值是相當的。(2)他不注意史料的審查和別擇。因爲前人已講得很淸楚。他專提倡保存史料的方法。他以爲史部的範圍很廣——如六經皆史——什麼地方都是史料。可惜極易散失。所以主張中央和地方都應有保存史料的機關。中央攬總。府、州、縣、各設專員。關於這種制度和方法。他講得很精密。關於史料的總類。也有條理的駕馭。他所作的方志。常分志、掌故、文徵三部。志是正式的史書。掌故及文徵。保存原始史料。倘使各家方志都依他的方法。歷代史料必不致缺乏。他以爲保存史料的機關。須用有史學常識的人。隨時搜集史料。隨時加以審查而保存之。以供史家的探討。至於如何別擇。如何敍述。各家有各家的做法。和保存史料的機關不相干。關於這一點。可以說是章學誠的重要主張。在中國一直到現在。還沒有這種機關。從前有所謂皇史宬實錄館。雖也可說是保存史料用的。章學誠以爲不行。因爲那只能保存中央這一部分的史料。至於正史以外。各行政官都有機關。範圍又很大。不單保存政治史料。各種都保存。實在是章學誠的重要發明。這種辦法在中國不過一種理想。未能實行。在外國也做不到。祇由博物院及圖書館負了一部分責任而已。章學誠把他看做地方行政的一種。一層一層的上去。最高有總機關。管理各地方分科。中央分部。繁重的很。要把這種畫一的章程通行起來。過去的事蹟一定可以保存很多。但他的辦法也未完備。所保存的只是紙片。沒有一點實物。方法也不精密。我們儘可補充改正。(3)他主張史家的著作應令自成一家之言。什麼學問都要納到歷史方面去。做史家的人要在歷史上有特別見解。有他自己的道術。拿來表現到歷史上。必如此。纔可稱爲史家。所作的史纔有永久的價值。所以關於史學意義及範圍的見解都和前人沒有相同的地方。他做史也不單敍事。而須表現他的道術。我們看文史通義有四分之一或三分之一是講哲學的。此則所謂歷史哲學。爲劉知幾鄭樵所無。章學誠所獨有。即以世界眼光去看。也有價值。最近德國纔有幾個人講歷史哲學。若問世界上誰最先講歷史哲學。恐怕要算章學誠了。

以上把三個人重要之點略講了講。還有中國普通相傳下來的歷史觀念。三個人都有相當的貢獻。第一點。史與道的關係。第二點。史與文的關係。

中國史家向來都以史爲一種表現道的工具。孔子以前不知如何。春秋即已講微言大義。董仲舒說『春秋文成數萬。其指數千』。司馬遷史記自序和報任安書都說『亦欲以究天人之際。通古今之變。成一家之言』。此種明道的觀念。幾千年來。無論或大或小。或淸楚或糢糊。沒有一家沒有。所以很值得我們注意。明道的觀念可分兩種。一。明治道。二。明人道。明治道是借歷史事實說明政治應該如何。講出歷代的興衰成敗治亂的原因。令後人去學樣．明人道．若從窄的解釋．是對於一個人的批評、褒貶、表彰好的令人學．指摘壞的令人戒．若從廣的解釋．是把史實羅列起來．看古人如何應付事物．如何成功．如何失敗．指出如何纔合理．如何便不合理．這種若給他一個新名詞．可以叫做『事理學』．西洋人注重人同物的關係．所以物理學很發達．中國人注重人同人的關係．所以事理學很發達．資治通鑑便是事理學的代表．善言人情事理．所以向來稱贊他『讀之可以益人神智』．續資治通鑑就够不上．關於這一點．現在比從前一天一天的少有適用．但仍有效力．從前自秦始皇到清宣統．政治環境及行為．沒有多大變遷．所以把歷史事實作為標準．相差不遠．司馬光做資治通鑑．所求得的事理標準．所以可供後人資鑑．就因這個緣故．現在雖不能說此種標準已無效．也不能說與從前一樣有效．祇可以說效力減了許多．各門的條文許多還可應用．如何纔可富國．如何纔可利民．水利如何興．田賦如何定．至今仍不失其為標準．至於應用政治的方法．對付外交的手段．從前雖很有標準．現在因環境變遷．政體改易．就無效力．縱使有也很少了．治道方面如此．人道方面．到現在．到將來．從前的事理標準仍很有效．這點注重明道的精神是中國人的素質．我們不能放鬆的．至於窄義的人道方面．褒貶善惡．從前的史家看得很重．而劉知幾鄭樵章學誠看得很輕．前述的紀載史事以為後人處事接物的方法．則各派史家皆如此．

簡單說．這種態度．就是把歷史當做『學做人』的教科書．劉鄭章三人對此點很注重．其餘各人對此也很注重．即非史家亦很注重．譬如曾國藩胡林翼的功業偉大．若依外國史家的眼光．只注重洪楊之亂如何起．曾胡如何去平定他．其實我們讀歷史．要看他們人格如何．每事如何對付．遇困難如何打破．未做之前如何準備．這一點比知道當時呆板的事實還要重要．洪楊之起滅及曾胡之成功．已成過去．知道又有何用處．我們讀史看曾胡如何以天下爲己任，如何磨鍊人才，改革風氣，經萬難而不退轉，領一羣書獃子自己組織了無形的團體，抗起大事來做，各省不幫他而反加以掣肘，他們以一羣師友感激義憤，竟然成功，此種局面在中國史上是創見，我們要問爲什麼能如此，此卽人道學事理學的研究，看歷史的目的各有不同，若爲了解洪楊之亂，當然注重戰爭的眞相和結果，若爲應付世事，修養人格，結交朋友的關係，則不可不注重人與人相與的方面。中國史注重人的關係，尤其是紀傳體，近來的人以爲這種專爲死人做傳記，毫無益處，其實中國史確不如此，做傳乃是教人以應世接物之法，誠然有許多事實含了時代性，可以省略，但大部分不含時代性，所以中國史家對於列傳的好不好，與將來有沒有利益，很有斟酌，不肯輕懈，一個人所做的事，若含時代性，則可以省略，若不含時代性，在社會上常有，則不能不注重，這要看史家眼光和手腕，如何史書的價值也隨之而定。——總說一句，這種以史明道的學術之發達及變遷，爲研究中國史學史所不可不注重之點，在外國是沒有的。其次，史與文的關係，中國文看得很重，孔子已說『文勝質則史』，史體與文有重要的關係，全書如何組織，纔算適當，劉鄭章三家講得很多，旁人亦講得不少，一篇文章如何組織，劉鄭章三家講得很多，韓愈柳宗元一般文人也講得不少，章學誠做文史通義，文和史在一塊兒講，關於史的文如何做法，章氏有許多特別見地，雖其所講方法所作體例，我們看去似係他自創，他卻說都有所本，實則一部分自前人，一部分還是他自創，如講敍事方法，從前做傳專敍個人，他可常常以一事做傳名，如湖北通志檢存稿非人的傳有許多，把人的事含在一起，又或傳中有表，也是前人文裏所不敢參雜的，諸如此類，對於文的史，史的文，發揮得很透徹，這種講史與文的關係，往後很發展，但可以以章學誠爲一結束。——以上講第三部分——中國史學之成立及其發展——

完。

第四部分應該講最近中國史學的趨勢。有許多好的地方。有許多不好的地方。最近幾年來時髦的史學。一般所注重的是別擇資料。這是自劉知幾以來的普通現象。入清而甚盛。至今仍不衰。發現前人的錯誤而去校正他。自然是很好的工作。但其流弊乃專在瑣碎的地方努力。專向可疑的史料注意。忘了還有許多許多的眞史料不去整理。如清代乾嘉學者對於有錯字的書有許多人研究。對於無錯字的書無人研究。荀子有錯字。研究的有好幾家。成績也很好。孟子無錯字。研究的便很少。此可以說是走捷徑。並非大道。其實讀孟子荀子的目的在了解孟子荀子的學術。以備後來拿來應用。若專事校勘考證。放着現成的書不讀。那就不是本來的目的了。還有一種史料鈎沉的風氣。自清中葉到現在。治蒙古史很時髦。因元史太簡陋。大家都想方法。搜出一條史料也很寶貴。近來造隴海鐵路。發現了北魏元氏百餘種墓誌銘。好寫字的人很高興。治史的人也高興。因爲魏書宗室傳缺了一卷。治史的人便根據那些墓誌銘來補起來。其實魏書縱不缺略。大家也沒有這們好的精神去看宗室傳。近來史學家反都喜歡往這條補殘鈎沉的路走。倒忘了還有更大的工作。

還有一種研究上古史。打筆墨官司。自從唐人劉知幾疑古惑經以後。很少人敢附和。現在可附和他了不得。這種並不是不好。其實和校勘、輯佚、無異。譬如鄭玄箋注的毛詩三禮已夠研究了。反從太平御覽冊府元龜去輯鄭注尚書和易經。以爲了不得。乾嘉以來的經學家便是這樣風氣。其實經學不止輯佚。史學不止考古。

推求以上諸風氣。或者因受科學的影響。科學家對於某種科學特別喜歡。弄得窄。有似顯微鏡看原始動物。歐洲方面應該如此。因爲大題目讓前人做完了。後學只好找小題目以求新發明。原不問其重要與否。這種風氣輸入中國很利害。一般學者爲成小小的名譽的方便起見。大家都往這方面發展。這固然比沒有人研究好。但老是往這條捷徑走。史學永無發展。我們不能夠從千真萬確的方面發展去整理史事。自成一家之言。給我們自己和社會爲人處事作資治的通鑑。反從小方面發展去做第二步的事。眞是可惜。不過這種大規模做史的工作很難。因爲儘管史料現存而且正確。要拉攏組織。並不容易。一般作小的考證和鉤沉、輯佚、考古。就是避難趨易。想徼倖成名。我認爲病的形態。眞想治中國史。應該大刀闊斧。跟着從前大史家的作法。用心做出大部的整個的歷史來。纔可使中國史學有光明發展的希望。我從前著中國歷史研究法。不免看重了史料的搜輯和別擇。以致有許多人跟着往捷徑去。我很懺悔。現在講廣中國歷史研究法。特別注重大規模的做史。就是想挽救已弊的風氣之意。這點我希望大家明白。

寅　社會科學史的做法（略）

卯　自然科學史的做法（略）

己　文學史（略）

庚　美術史（略）

第五章　文物專史做法總說

本來想在這一學年內講完廣歷史研究法。現在只講了一半。時間不許再講下去了。本來想把文物專史的做法都詳細講。因爲有些方法還不自滿。所以上文有的講了做法。有的沒有講做法。有的連大略都不曾講。只好待將來續補。現在總講一章文物專史的做法，做個結束。

文物專史的工作，在專史中最爲重要，亦最爲困難，和其他四種專史——人，事，地方，時代——的做法都不相同。其他專史，應該由史學家擔任。文物專史，與其說是史學家的責任，毋甯說是研究某種專門科學的人對於該種學問的責任。所以文物專史一方面又是各種專門學問的副產物，無論何種學問要想對於該種學問有所貢獻，都應該做歷史的研究，寫成歷史以後，一方面可以使研究那種學問的人了解過去成績如何，一方面可以使研究全部歷史的人知道這種學問發達到何種程度。所以說文物專史不單是史學家的責任，若由各種專門學者自家做去，還好些。譬如經濟史中的貨幣史，要做得好，單有歷史常識還不行，最少要懂得貨幣學，近代經濟學，以及近代關於貨幣的各種事項，然後回頭看中國從前貨幣的變遷，乃至歷代貨幣改革的議論，以新知識新方法整理出來。凡前人認爲不重要的史料或學說，都敍述上去——這種貨幣史纔有精采。貨幣學比較的範圍不很窄，尙且應有常識做基礎，非有專門研究的人不能做專史。若做中國音樂史，尤其非用專門家不行，我們外行的人若去做，用功雖苦，還是不了解許多重要的資料，無法取去。又如做文學史，要對於文學很有趣味，很能鑑別的人纔可以做，他們對於歷代文學流派，一望過去，即知屬某時代，並知屬某派。譬如講宋代詩，那首是西崑派，那首是江西派，文學不深的人，祇能勦襲舊說，有文學素養的人，一看可以知道。再如書法史，寫字有趣味的人，書碑很多，臨帖很多，一看古碑帖，就知其眞僞及年代。就是我自己，隨便拿個碑版來，不必告訴時代，給我，不必有人名朝號可旁證，我都可以指出個大概的年代。所以假使要做書法史，也非有素養不可，否則決難做好。關於文物專史，大概無論那一部門，都是如此。所以做文物專史，不可貪多，想一人包辦是絕對不成的。祇能一人專做一門乃至二門三門爲止。而且都要有關係因緣纔可以兼做。如做美術史。順帶做書法史雕刻史。或合爲一部。或分爲三部。還勉強可以做得好。因爲那三部都有相互的關係。但必須對於三部都有素養的人纔可以做得好。想做文物專史的人。要對於自己很喜歡的那部分。一面做史。一面做本門學問。歷史是他的主產物。學問是他的副產物。研究科學的人固然也有不作歷史研究而能做好學問的。如果對於歷史方面也有興味。學問既可做好。該科學史也可做好。所以研究歷史的人。一方面要有歷史常識。一方面要於歷史以外。有一二專門科學。用歷史眼光。把中國過去情形研究清楚。則這部文物專史可以有光彩。因此所以不能貪多。若能以終身力量做出一種文物專史來。於史學界便有不朽的價値。不貪多。一面治史。一面治學。做好此種專史時。可以躊躇滿志。至於其他如人的專史事的專史。則一個人儘可以做許多。——這是講做文物專史的先決問題。一須專門。二須不貪多。實在也只是一義。

其次。關於搜集資料。比其他專史困難得多。其他專史雖然也不單靠現存的資料。但其基本資料聚在一起。比較的易得。如做一人的專傳或年譜。其人的文集是基本資料。再搜集其他著作大段資料。可以得着。和他有關係的人的著作。範圍相當的確定。無論其人方面如何多。如何複雜。做專史或年譜。都可以開出資料單子。很少遺漏。至於事的專史。在公文上。專記上。文集上。資料的範圍也比較的有一定。文物專史則不然。搜集資料再困難沒有了。若是歷代書志有專篇。或九通中有此一門。前人做過許多工夫的。比較的還有相當的資料。但仍舊不够。即如經濟之部。各史食貨志及九通關於食貨一門。固然可以得若干基本資料。但總不滿足。非另求不可。書志及九通有了。尚感困難。若沒有。又如何。如書法繪畫。在史書中毫無現存的資料。現在講畫史的。雖有幾本書。而遺漏太多。做這類專史資料散漫極了。有許多書。看去似沒有關係。但仔細搜求。可以得許多資料。如講經濟狀況。與詩歌自然相隔很遠。其實則不然。一部詩集單看題目。就可以得許多史料。詩是高尚的。經濟是齷齪的。齷齪狀況可在高尚中求之。有許多狀況。正史中沒有。而詩集中往往很多。做經濟史。不一定要好詩集。詩雖做得不好。而題目詩句夾注。常有好史料。詩與經濟相隔這麼遠。尚有這麼多史料。所以做文物專史。無論甚麼地方都有好資料。不過也不是凡有資料都可以用。須要披沙揀金。所以不能心急。眞要成功。要費一世工夫。出版的早晚。沒有關係。預備盡生平的心力。見到資料。便抄下來。勤筆勉思。總有成功的一日。我很糟。在床上看書。看見了可用的資料。摺上書角。不能寫下來。另日著書。要用這種曾經看到的資料。大索天下。終不可得。所以此類工作。須要非常勤勉。不嫌麻煩。記下一點資料。固然沒有用處。記得多了以後。從裏邊可以研究出多少道理來。顧亭林做日知錄。旁人問他近來做了幾卷。他說別來數年。不過得了十餘條。抄別人的書。如收羅破銅爛鐵。自然容易。我是精思謹取。如上山開鑛。所以很難。顧氏做日知錄的方法。起初看見一條。箚記了。若干年後。陸續箚記了許多相類的資料。加以思想組織。爲一條。我們做文物專史。非如此耐煩不可。鄉先輩陳蘭甫先生死了以後。遺稿流傳出來。一張一張的紙片。異常之多。都是在甚麼書看見了兩句。記出來。以後又加上簡短的按語。新近廣東有人搜得了六千多片。都一般大小。實則他一生的紙片。不知有好幾百萬張。我正打算設法找來整理一下。可以看出他治學的方法。我們認眞想做好的著述。尤其是關於文物專史方面的。非做此種工夫不可。有如蜜蜂採花。慢慢的製成極精的蜜糖。纔是有價值的著作。文物專史之所以難做。這是一點。

中間還有鑑別史料的工作。前回講過。近來史學界都趨重這一點。帶了點取巧的性質。我們所希望的。不在考訂眞僞。考不出來也沒有關係。如明建文帝到底是燒死的還是逃去做和尚的。又如淸世祖是病死的還是跑到五台山做和尚的。他的董妃是否董小宛。我們固然歡迎有人做這種工作。但不希望有天才的人都到這面用工夫。把旁的方面放鬆了。以後的史家關於搜集方面要比鑑別方面多下工夫纔好。我從前做的中國歷史研究法。對於鑑別史料。說的很多。許於近來學風有影響。此是近代學風可喜之中稍微一點不滿意的所在。其餘如鉤沉、輯佚一類的工作也要做。但不要把沒有眞僞問題的現存的史料丟開不管。文物專史也是一樣。而且特別的易犯這種毛病。其所以難做。這是二點。

關於文物專史的做法。各門不同。其公共原則有多少。很難說。然也有幾點很主要的可以說。

(一)文物專史的時代。不能隨政治史的時代以畫分時代。固然政治影響全部社會最大。無論何種文物受政治的影響都很大。不過中國從前的政治史。以朝代分。已很不合論理。尤其是文物專史。更不能以朝代爲分野。卽如繪畫史。若以兩漢畫。三國畫。六朝畫。唐畫。宋畫。分別時代。眞是笑話。中國繪畫大體上。中唐以前是一個時代。開元天寶以後。另是一個新時代。分野在開元初年。底下宋元混合爲一時代。至明中葉以後另爲一時代。又如近代外交史。不能以明淸分。要看外來勢力做標準。葡萄牙人。荷蘭人到中國。在明嘉靖以前爲一時代。嘉靖以後到淸道光南京條約另爲一時代。道光到中日戰爭另爲一時代。往後到今日再一時代。外交雖與政治密切。尙且不能以明史淸史畫分。何況其他。所以各種文物專史。絕對不能依政治史爲分野。而且各種之間亦相依爲分野。譬如繪畫以開元天寶爲界。書法則以隋代分。繪畫在北魏不能獨立。書法在北魏可以獨立。而且可以分初盛中晚。又如詩以唐爲主系。宋以後爲閏系。書法以北魏爲主系。唐爲閏系。詞以宋爲主系。元以後爲閏系。各種文物應畫分的時代都各不同。要做通史簡直沒有法子說明。因爲要跟着政治走。而有時這個時代文物盛而政治衰。那個時代文物衰而政治盛。絕對不能畫一。一定做不好。譬如宋徽宗的政治很糟。學術更糟。可謂黑暗時代。但從美術方面看。卻光芒萬丈。所以各種專史有一篇一篇單行的必要。尤其是文物專史的時代應以實際情形去畫分。

(二)文物專史的時代不必具備普通史上下千古。文物專史則專看這種文物某時代最發達。某時代有變遷。其他時代或沒有或無足重輕。可以不敍。例如做外交史。應從很晚的時代起。從前的外交與近代的外交不同。如欲做上下千古的外交史。把春秋的朝聘。漢以後的蠻夷朝服都敍上去。則失去了外交的本質了。要想做得好。不必貪多。不可把性質不同的事實都敍在裏邊。外交史最早只可從明代起。又如做詩史也許可以做到宋朝而止。後面可以做一個簡單的結論。這並不是因爲元明淸沒有詩。乃是三朝的詩沒有甚麼變化。元遺山所謂詩至蘇黃而盡。話是眞的。詩以唐爲主系。以宋爲閏系。元以後沒有價値了。這不過舉一二例。其實文物專史無論那種都如此。最不可貪多。做上下千古的史。即如還未講到的四川的地方專史。最古的是華陽國志。當常璩做志時。的確有做專史的必要。以後歸併到本部。雖有小變動。而對全部沒有多大的影響。所以漢以後的四川可以歸併到本部史講。不必專講。又如雲南恰好是四川的反面。直到現在還有做專史的價値。自明初沐英平滇。世王其地。淸初吳三桂。民國蔡鍔唐繼堯。都與本部尙未打成一片。中間雖有些時候打成一片。而神氣不屬。不久又分了。又如東三省。自滿人入關以後。做專史的資格已消滅了。最近因日本的勢力侵入。變成特殊的地帶。似乎又有做專史的資格。河南山東有史以前可做專史。有史以後是全國的基本專史資格早已消滅其他的活動早已不能爲所專有卽以河南而論在商以前可以說是河南人的活動周以後成爲全國人的活動了此外各地的專史應從何時代起至何時代止要看他的情形來定奪也不可一時貪多

(三)凡做一種專史要看得出那一部分是他的主系而特別注重詳細敍述不惟前面所講道術史有主系無論甚麼事情的活動何種文物都有一二最緊要的時代波瀾壯闊以後或整理或彌縫大都不能不有個主系關系的分別所以做文物專史不要平面的敍述分不出高低陰陽來某時代發達到最高潮某時代變化得最利害便用全副精神去敍述關系的篇幅少些也沒有關係說得簡單也沒有關係主系的內容及派別卻非弄清楚不可做道術史若是漢魏三國六朝的篇幅和先秦一樣多是不行的先秦要多以後要少主系要精要詳其他可略做詩史到唐朝要分得很清楚多少派多少代表一點也含混不得明朝的詩並不是沒有派別前七子後七子分門別戶競爭得很利害但從大處着眼值不得費多大的力量去看他們的異同所以做文物專史須用高大的眼光看那時代最主要搜集、鑑別、敍述、抑揚用全力做去無論那種文物主系並不算多祇有一二處如做詩以唐爲主則以前以後都可說明而讀者可以把精華所在看得清楚這一點要有鳥瞰的眼光看出主系全力赴之此外稍略也無妨日本所做的中國文學史平講直敍六朝分元嘉大同唐分初盛中晚一朝一朝的分去一家一家的敍述

我們看了那種著作似乎江淹沈約與陶潛曹植一樣優劣其實則相去何啻天淵若依我的主張陶曹自然要用重筆江沈這些二等的資料可以略去眞會做史的人要找出幾點分濃淡高低纔行若平講直敍便不好了

無論那種文物專史都應如此。

（四）文物專史又須注重人的關係。我所講的文物專史，有一部分與社會狀況制度風俗有關，與個人的關係少。除此部分以外，差不多全與個人有關係。歷史是人造出來的，近代談史諸家因中國做紀傳的人喜歡表彰死者，惹起反動，以爲社會不是英雄造出來的，歷史應該看輕個人。其實固然有些人是時勢造成的，但也有造時勢的英雄。因爲一個出來，而社會起大變化的，也常有。而且這種人關係歷史很重要，社會所以活動，人生所以有意義，都因此故。人生若全在社會做呆板的機械，還有甚麼意義。政治上，軍事上，人的關係尤爲顯著了。其他各種文物也非無人的關係。如做道術史，羅列各人的學說，固然是必要，然欲描寫中國的道術，必先描寫個人的人格。如朱陸關於太極圖的論辯，固然要敍，但道術史最應敍的，還是此二大師的人格。可由日常生活表示出來。向來講王陽明的人，因其事業多，所以在學術以外還講事業。若講到陸象山，便把人事方面簡略了。其實陸象山所以能開一派學風，並不單靠幾篇文章，幾封信札，他整個的人格所做的事業，都很有關係。我們描寫他的人格和羅列他的學說，至少要一樣。對於學術大師如此，對於文學家，美術家也要如此。假使主系幾個大文學家，我們不單看他的作品，並注重他的性格，由性格看胸襟及理想，做的史纔有價值。這不特大學者如此，經濟方面如唐代的劉炎也如此。唐的經濟和財政在中葉以後由劉炎一人手定規模，得有很好的結果。他死後幾十年，制度仍然保存，所以做經濟史做到唐中葉，對於劉炎做人如何，才能如何，性格如何，都得詳細敍述，因爲這影響到當時財政很大。——無論那一方面，關於文物專史，除因社會自然狀態發達以外，有三分之二都因特別人才產生，而社會隨他變化，所以做文物專史，不可把人的關係忽略了。對於有重要關係的人。須用列傳體。敍述其人的生平於史中。但也不似廿四史的列傳以多爲貴。要極有關係的人。纔替他做傳。而且目的不在表彰其人。乃因這種文物因他可以表現得眞相出來。

（五）文物專史要非常的多用圖表。圖表。無論何種專史都須要。尤其是做文物專史要用最大精力。圖或古有或新製。或照片。搜羅愈富愈好。表在主系想分拆實際情形時。最須應用。閏系方面有許多可以簡單敍述的東西而又不可省略。可以做成表格看去既不討厭。查考時又很清楚。做表的好處。可以把許多不容易擺在正文內的資料保存下來。不過要費番思想纔可以組織成功。很不容易做一表比做一文還要困難而費工夫。應該忍此勞苦。給讀者以方便。正文有的。以表說明。正文無的。以表補充。

以上所講。不過擇比較重要的簡單說明一下。實則不應如此陋略。我因時間關係。沒得充分預備。也未講完。不算是正式的講演。不過是零碎的感想而已。我希望對於同學有若干啓發。可以引起研究的興趣和方向。那麼我預備雖不充分。對同學也不致完全沒有益處。未講完的。下學年或許有機會還可續講。本學年就此結束。

跋

右中國歷史研究法補編一部。新會梁任公先生講述。其門人周傳儒姚名達筆記爲文。都十一萬餘言。所以補舊作中國歷史研究法之不逮。闡其新解。以啓發後學專精史學者也。憶民國十四年九月二十三日。名達初受業於先生。問先生近自患學問慾太多。而欲集中精力於一點。此一點爲何。先生曰。史也史也。是年秋冬。卽講中國文化史社會組織篇。口敷筆著。晝夜弗輟。入春而病。遂未完成。十五年十月六日。講座復開。每週二小時。綿延以至於十六年五月底。扶病登壇。無力撰稿。乃令周君速記。編爲講義。載於淸華周刊。卽斯編也。周君旋以事忙不能卒業。編至合傳及其做法而止。名達遂繼其後。自三月十八日至五月底。編成年譜及其做法。專傳的做法二章。自八月十三日至二十八日。編成孔子傳的做法。以後諸篇。全講始告成文。經先生校閱。卒爲定本。是秋以後。先生弱不能耐勞。後學不復得聞高論。而斯講遂成絕響。中國文化史既未成書於前。史法補編又未卒述於後。是誠國人之不幸。亦先生所賫恨以終者已。名達無似。有心治史。而無力以副之。深愧有負師教。斯編之行世。幸又得與於校對之列。謹誌數言。以示所自。惟讀者正焉。

中華民國十九年五月八日姚名達

飲冰室專集之一百

荀子正名篇

梁任公講　吳其昌記

正名篇在荀子中比較難讀而重要。故于文義句讀之間。有講解之必要。

『後王』——孟子動言法『先王』。荀子動言『後王』。蓋荀子反對復古者也。故其所謂後王。指當時及將來之人君而言。

『成名』——成。定也。國語。『民無成君。』韋昭注『成。定也。』

『曲期』——荀子之曲字。皆含有圓滿周徧之意。勸學篇云『木直中繩。輮以爲輪。其曲中規。』周禮考工記輪人作車『其圓中規。』是荀子言曲。含有圓滿之意之證也。曲期之意。蓋有如乎已成風俗不約而同之義。

『因之而爲通』——荀子之意。蓋欲以『諸夏之成俗曲期』立爲一種標準名詞。而遠方異俗取則于一。則可以互通。所謂因之而爲通也。

『生之所以然者謂之性』——與告子『生之謂性。』孟子之『食色性也』之義同。

『心慮而能爲之動』——『能』卽『態』字。並非誤字。荀子往往以能字代態字。天論篇『耳目口鼻行能各有所』。行能卽行態也。

『謂之僞』——禮論篇云。『僞者文理隆盛也』。荀子視性。亦非以謂絕對爲『惡』。禮論云『性本始質朴』。蓋荀子性與僞之觀念『性』有如乎『原料』。『僞』有如乎『精製品』。

『正義而爲謂之行』——此行字蓋指德行。

『所以知之在人者謂之知』——上知字知識也。下知字知慧也。

『所以能之在人者謂之能』——上能字官能也。下能字才能也。

『節遇謂之命』——節遇猶言偶遇。荀子視『命』爲非常的偶然的。有如佛家所云之『因緣和合』之意。與世人視命爲天定者根本不同。

『易使作公』——顧千里以公疑當作功。近之而未是。公本可作功解。詩『以奏膚公』。毛傳云『公功也』。可以爲證。

『離心』——猶言『麗心』。離麗也。卽附麗義。

『異物』——此『物』字。猶禮記『黃帝正名百物』之物。

『其天官之意物也同』——此『意』字猶論語『億則屢中』『不億不信』之億。猶言忖度推測。

『鈹』——楊注云『與披同。皆懷亂之名』。未是。凡從皮者皆有不平之意。易云『無平不陂』。水之不平者名爲波。土之不平者爲坡。足之高下者爲跛。

『心有徵知』——徵知猶大學所云『致知』。有當讀爲又。

『當簿』——楊注云『主當其簿書』。古書當與嘗多通行。荀子口口篇云『先祖當賢。子孫必口』。當賢。猶嘗賢也簿疑卽薄字古時從竹從艸多通用者如『答』『苔』可互用是也嘗薄之義猶言『嘗親接觸之』薄與戰時肉薄之意相近肉薄曾親接觸之也蓋荀子重經驗哲學凡事皆求親歷故其語如此

『聖人不愛己殺盜非殺人也』——楊注云『未聞其說似莊子之言』甚荒謬此二語皆見墨子小取篇

『楹有牛』——墨子經說篇『若牛非馬若矢過楹』此牛字當是矢字之誤

『馬非馬』——疑脫一白字當作『白馬非馬』

『夫民易一以道而不可與共故』——此卽孔子『民可使由之不可使知之』之意

『以喩動靜之道也』——楊注以動靜爲是非全無根據從未聞有以是非訓動靜者

『心之象道也』——楊注云『心想象之道』亦未是象猶表象道猶引道

『不利傳辟之辭』——傳當是便字之誤

『窮藉』——楊訓藉爲踐履有解不通處藉恐是假藉之意

『凡語治而待去欲者』——去欲當是無欲之譌上下文攷之殆無可疑

『人之所欲生甚矣人之所惡死甚矣』——此二句當于欲字惡字下加讀點先儒於生字死字下加讀點者義短

『故可道而從之奚以損之而亂不可道而離之奚以益之而治』——此四句損益二字恐當互易蓋上文累言多欲而亂寡欲而治此四句亦當互易然後誼乃可通也

『色不及傭則可以養目』——楊注『傭傭作之人』太迂曲古時傭與庸無別庸猶言平庸之人卽常人之

意。

正名篇爲荀子學說中堅之所在。無論讀荀子。必須特別重視。卽常人不治荀子者。亦有一讀之必要。然其文在荀子中實爲最難讀者。故讀之必須有法。讀此篇時可參看下列二書。其一。春秋繁露名號篇。其二。則尹文子大道篇上下。此二文不啻可爲正名篇之注解。可以互通發明之處極多。此外近人胡適中國哲學史大綱講名學一部份。亦可參看。

其昌附案。梁先生讀書舉例。講荀子至是篇而止。此後轉講莊子天下篇。梁先生已先編講義。講後卽付周刊發表。莊子講後。梁先生卽臥病輟講。

飲冰室專集之一百一

中國考古學之過去及將來

梁任公講　周傳儒記

民國十五年秋。先師講學淸華。會萬國考古學會會長瑞典皇太子東來。萬國考古學會。開會歡迎之。先師在歡迎席上講演此題。當時用英文發表此篇則其中文底稿也事前先師口述。傳儒筆記又經先師親手校改。今手澤猶新。而先師之墓木拱矣悲夫民國二十年三月廿日。周傳儒補誌。

我不是考古學的專門學者。實在不配講這個題目。但是因爲萬國考古學會會長。瑞典皇太子殿下。光臨敝國。同人。爲表敬意起見囑我把中國考古學之過去及將來稍爲講講。表示歡迎之意我勉强把我所知道的。略說幾句恐怕有許多錯誤的地方。還望各位原諒並請各位指敎。

考古學在中國成爲一種專門學問。起自北宋時代。約當西曆十、十一兩世紀。那個時候。中國的印刷術。已經發明了。而且很進步。中國還有一種專門技術。——搨本把紙蒙在古器物上頭能夠把上面的文字花紋及其他的。模形都摹印出來這是宋朝已前早經發明的。一般學者對于古器物的研究便利了許多而且這種知識。可以普及。所以在那個時代。有幾部很有名的著述。到現今還存在。

一　當時大政治家兼大文學家歐陽修的集古錄（四庫總目稱嘉祐六年成書。卽一〇六一年）。是書搜羅許多銅器刻文。石器刻文。有些是他自己所收藏的。有些是他自己所親見的。通通摹寫上去。還加了許多考證。
二　趙明誠及其夫人李淸照（中國女子會塡詞的第一個女文學家）合著的金石錄（四庫總目稱紹興中一一三二—一一六一表上於朝）是書體例。與歐書大致相同。不過搜羅更較完備得多。
三　薛尙功的鐘鼎彝器款識（據曾宏父石刻鋪敍以紹興十四年卽西歷一一四四年鐫置公庫）是書專限於鐘鼎文。與歐趙兩書不一樣。歐趙兩書石刻多。鐘鼎少。是書石刻少。鐘鼎多。而且鐘鼎原器的款識。照原樣摹寫出來。是這書特色。
四　王象之的輿地記勝。（自序作於嘉定辛巳卽西曆一〇四一年）這是一部地理書。一地方之後。附錄輿地碑目。對於石刻所在的地方。載得很詳細。爲後來分地研究古物的先導。
五　聶崇義的三禮圖。（四庫總目稱太祖時詔頒行九六〇—九七五）是書專畫古代器物的圖形。自祭祀的器物。常用的器物。以至衣服宮室。應有盡有。雖然不能說全都依照原物摹畫。但每樣都是用過一番很細密的工夫去考證。然後才描出來的。
六　李誡的營造法式（自序稱哲宗元符三年作。竣卽西曆一一〇〇年）。是當時一種建築術。不過對於古代的宮室考據得很詳。
七　呂大臨的考古圖。（四庫總目稱書成於元祐壬申卽西曆一〇九二年）是書系將古代鐘鼎彝器。按其狀況。令良工繪畫。不失毫髮。縱有文字脫落的器物。仍將式樣繪出。保存收藏人的姓名。皆載在圖說的頭上。或標目的下方。銘識古字凡有異同的。都加以訓釋考證。有不識得的。都附在卷末。以示存疑。

八　王黼的宣和博古圖（四庫總目稱書作於大觀初即西曆一一〇七年）是書搜集歷代自鐘鼎至弩機。等共七百十七件。鑑一百一十三件。共八百三十件。所收皆天府藏器。由皇帝及精通籀學之士共同討論訓釋。考證雖非盡善。形模一點不差。音釋間或有錯誤的地方。字畫完全仍舊。後代的人可以根據他的圖畫考知古代鼎彝的狀況及文字。所以是書在考古學上很有價值。是書從前極難得。現在才印出來。我打算送瑞典王太子殿下一部。

從上面八種書看來。可知在北宋時代。這們學問。極其發達。假使能夠繼續發達下去。到現在不知道進步到什麼程度了。可惜南宋中葉約當十二、十三兩世紀（一一一七—一二七五）以後降至元明兩代。學風丕變。學者趨重玄談方面。講哲學的人很多。對於這種事業。不大注意。所以衰微下去。到清初又重新恢復起來。乾隆中葉。西曆一七六五年前後。漸漸有人注意了。還不很盛。我們看四庫全書總目。關於金石書籍。不過五十八種。金石目三十六種。存目二十二種。

由乾隆中葉以後。直至現在。一百五十年間。這種學問。有很猛烈的進步。而且分科研究。一天比一天精密下去。著名的學者。已故的如阮元、翁方綱、王昶、孫星衍、錢大昕、瞿中容、李宗瀚、吳榮光、鮑康、陸耀遹、黃易、陳介祺、吳式芬、劉心源、吳大澂、王懿榮、端方、吳雲、潘祖蔭、武億、嚴可均、張廷濟、李遇孫、劉喜海、徐渭仁、楊守敬、畢沅、現在的如羅振玉、王國維、馬衡。這些都是很著名的考古學家。此外還很多。不必細舉了。

這一百五十年來。關於考古學的著作。數目的增加。實在可驚。據我所看見過。認爲很有價值。已經成書的。不下四百種。此外散在文集裏的單篇。關於一部分的考據。那種文章。更不計其數。這類著作。大都依着歐趙薛諸人的規模。不過編製較爲精審。分科亦很細密。或將器物的文字。全數錄出。或將器物的原形。照樣摹寫。或劃分種類。專編目錄。在目錄中。記年代。記地方。記何時出土。何地發現。或已失去。或尙保存。諸如此類。記載得很爲詳細。有許多著述。專記一個時代。如像兩漢金石記之類。不止兩漢。歷代都有。有許多著述。專記一個地方。如兩浙金石錄之類。地方的分類。有分到極細。專記一縣的。還有許多著述。專記一種金石。或專記所刻書籍。或專記鐘鼎。或專記古錢。或專記古印章。分門別類。樣樣都有。所以近百五十年來。這種進步。實在猛烈。回看北宋時代的著述。反覺得很幼稚了。

我把他們所研究的對象。用來作分類的標準。大概可分四大類。

甲。石類。

乙。金類。

丙。陶類。

丁。骨甲及其他。

以下分四類物略加說明。

甲　石類　在中國考古學中。以這類爲最大部分。資料極其豐富。現今所存的石刻。最古的要算周宣王（西元前八二七至七八八年）的石鼓了。鼓共十個。有一個毀去半邊。現陳列在北京孔廟的大門內。其次要算秦始皇時候（西元前二四六至二一〇年）的六個紀功碑。分攏在直隸山東浙江等處地方。可惜現在六個碑都已佚了。祇有山東泰山那塊碑。還剩下十個大字。存放在泰山一個古廟中。西漢前一世紀的石刻。留傳得很少。現存的不滿十種。東漢（後一二世紀）以後。漸漸多起來。降至六朝隋唐（三、四、五、六世紀）那就多極了。近代的石刻現今研究這派學問的人以爲價值甚小。沒有多大注意。研究的集中點還是在唐朝以前那個時代。這種石刻。主要的部分。可以分爲下列數種。

一　石經　漢熹平魏正始唐開成五代時的蜀國。宋嘉祐南宋高宗。清乾隆。都有石經。漢魏蜀石經都已亡佚了。不過留下些斷片。現存的石經。在陝西西安府學有唐朝開成時代（西曆八三六—八四〇年）所刻十二經。在北京國子監內有清朝乾隆（一七五〇年後）所刻十三經。這都是儒家經典。此外佛家石經在山東河南等處。磨石而刻的很不少。現存最大部的是離北京西北七十里有個大房山。裏邊有七個洞。把五千卷的佛經。用二千三百餘塊大石頭刻起來。始於北齊。迄於遼。前後費了四百年的工作。然後刻成。

二　紀功紀事碑　或記載某時代。某種功德。或記載某種大建築。或記載某人的事業。有的是起一個亭蓋上他。有的是放在大建築的院子裏。或其他地方。

三　墓誌銘　這種東西都是行葬禮的時候用的。埋在地下。墓誌銘上面。記載墓中人一生的事業。一生的經營。

四　造象　此類作品。以六朝隋唐間（三、四、五、六世紀）最多。因爲那時佛教很盛。所以刻佛像的風氣很盛行。到現在留傳下來不少。

五　石畫　或者畫在大建築內。或者畫在墳墓中。或者畫在橋梁下。大概一種故事。有的刻旁的花紋。表一種象徵的意思。

上述五種。不過略舉梗概。其他刻石的東西尚不少。或在井上。或在橋上。常常有許多刻石留傳下來。不過講石刻的大宗。仍要算前面那五種。尤以墓誌銘及造象爲最多。因爲墓誌銘埋在地下。所以陸續出土。每年出土多少。現在雖無統計。但遲一年就多一年。又因造像刻在懸崖上很高的地方。比較不容易損壞。藉此保全下來的很多。這些石刻。我們都用特別的搨本技術。摹搨下來。一個學者。儘管坐在屋內。仍可搜羅完備。所以研究這門學問。很爲方便。

他們研究的成績。有下列幾項。

一　因爲這種石刻。歷代都有。所以要研究歷代文字的變化。可以看得很清楚。而且中國人以寫字當成一種美術看待。許多有名的字。都可保全下來。所以要研究一時代一時代的書風。亦可以看得很清楚。

二　許多古書。傳下來的文字。有錯誤或異同的地方。在各時代的所刻的石經或石碑及墓誌銘所引經典。都可以用來作爲校勘的材料。

三　許多過去的歷史事蹟。有遺漏的加以補充。有錯誤的加以改正。關於歷史上事蹟的考證。這種工作。爲這派學者最用力的地方。材料亦很豐富。成績亦很優良。

四　很古代的畫。沒有法子找尋。但漢代以後的石畫。還可以略窺端倪。因爲有這種石畫。可以看出漢朝以後的畫風。而且在他們所畫的東西上。可以看出當時的器物及衣服。又在他們所畫的故事上。可以看出神話的心理。

五　還有一種造象。可以看出一時代一時代雕刻的變遷。他們所造的象。又因時代而不同。歷代信仰的變遷。

亦可以由此看出來。

六　還有許多特別的石刻。可以因之看出外來宗教之派別。就是已經衰微的宗教。亦可追尋出來。如景教流行中國碑具載基督教的一支流行中國的原委下段附有敍里亞文。尤爲全世界所罕見。又如開封挑筋教所立寺。有明正德六年（西一五一一年）佚碑可證猶太教入中國之久。

七　還有許多邊界刻石。如東部的丸都紀功刻石。（魏正始間）新羅眞興王定界碑（陳光大二年）平百濟碑。（唐顯慶三年）西部的裴岑紀功刻石。（漢永和二年）姜行本紀功碑（唐貞觀十四年）。北部的苾伽可汗碑（唐開元二十三年）南部的爨寶子碑（晉大亨四年）等等。可以看出外族與中國交涉之事蹟。有助於考史最大。

八　前述的景教流行中國碑。載基督教傳入中國的事蹟。而九姓廻鶻紀功碑（中、突厥、粟特三體。）又載摩尼教所以由中國輸入回紇的原故。可以說明東西文化的關係。其餘唐蕃會盟碑(中回兩體)闕特勤碑。（中突兩體）可以看出西域爲東西媒介在中國文化之重要。

九　許多已經死去的文字。靠這種石刻。我們可以再讀。如居庸關城門洞內。刻了許多畫。還帶着六種文字。近人考訂一爲漢文二爲西夏文三爲蒙古國書拔合思巴體。四爲畏兀吾文。五爲梵文。六爲藏文。他如莫高窟造象記其字跡及年代。亦與居庸關刻石大致相同。西夏文字蒙古國書等文字因爲與梵文漢字並列。可以復活認明出來。

十　有許多很奇怪的刻石。記載契約條文。在內地各省。這種買賣田地的契約。現在發現者很多。可以看出古代民法實在情形。如長慶會盟碑用中藏兩國文字。刻出雙方所訂條約的原文。可以看出當時國際交涉的法律。又此種碑刻。有當時官名人名的音譯。可以看出唐時的古音。

上面所舉十宗。不過簡略的表明做這種工作。對於歷史上及文化上裨益很大。同石刻相類的東西。還有一宗。現在已經成爲專門的研究。就是玉。因爲中國用玉用得很古。而且所刻花紋很多。可以用玉的式樣及花紋來定他的時代。亦於考古上有關係。這是要附帶說明的。

乙　金類　金類的東西。包括銅鐵兩項。而以銅爲主體。因爲鐵器容易壞。所以存者不多。銅器比較堅牢。能够耐久。所以留傳者極多。最古的銅器有三代時候的東西。下至秦漢魏晉隋唐無代沒有。以前的人。不肯十分注意。所以出土的東西散佚者甚多。近來對於古物的興趣增加。鑑別的能力增印的本事。亦遠非前人所能及。散佚的。就比較少了。這類器物。主要的部分。又可以分爲下列數項。

一　鐘鼎文　在夏殷的時候鑄造鐘鼎之風盛行。所以這類器物很多。最主要的就是祭品。有作祭禮用的。亦有作陪嫁用的。古代很看重這種東西。所以說「君子雖貧不鬻祭器」我們看春秋時代許多戰爭同媾和。都以這種東西作條件。所謂「遷其重器」這類事實異常之多。古代的鐘鼎陸續出土陸續喪失去了。我們把宋代歐趙薛三書所載。合算起來有六百四十三件。（根據羅振玉雪堂叢刻所列）其中存留者極少。但後代陸續出土的爲數很多。清代著錄所存共有二千六百三十五件（根據雪堂叢刻）這些都在民間。宮庭中所藏。尚不在此數。想來還要多些。武英殿文華殿及故宮博物院各有一部分。目錄還未編好。此刻尚不能諡舉其數。這種東西。十之八九。在孔子以前。文字很難讀。現因學者努力的結果。幾乎全部可通了。關於研究古代文字的變遷。研究中國文字的源流。這是極重要的資料。其中文字比較簡單者多。約佔十之八九。長篇者少。約佔十之一二。我們因為能讀這種文字。對於孔子以前的歷史可以校正許多對於歷史上的大事可以補充許多。還有一般社會上的經濟狀況或民法方面的契約很可以在裏邊看出一部分來。所以近六七十年研究金文的功作比研究石刻更努力而且研究金文的効果比研究石刻更多。

二　古錢　古錢的研究在考古學中由附帶的研究變為獨立的專科了。現在搜羅古錢最豐富的人不同樣的錢。在七千種以外。據說最古的有五千年以前的東西這話我雖不相信但減少一點說三千年或者二千五百年的錢當然是有的。我們看那種古貨幣。卽中國古代交易的媒介物。可以推想到那時的經濟狀況中世近世以後。一時代有一時代的錢。每一皇帝卽位另鑄新錢所以看這種錢質之美惡量之大小工作之精粗各時代的經濟狀況。都可由此看出還有他們收羅古錢的人。對於外國輸入的貨幣亦很注意。不特可以看出本國的經濟狀況。並且可以看出四圍外族同我國的貿易狀況。

三　度量衡　現今所存的古度量衡有秦權秦量漢建初尺新莽始建國尺。晉前尺。漢量。漢鐘。漢鈁。漢斛。中間除權是金石並用外其餘都是金屬。我們可以看出歷代度量衡的變遷最重要的是尺因為漢尺晉尺可以推算周尺是怎樣。所以研究古器物古模型。可以得精確的標準。譬如研究古樂器。一面得着晉前尺。一面又得晉的笛譜。我們可以根據尺依着譜。做晉朝的笛子。與晉人所作一樣。

四　古印　古印有官印私印兩種。現今收藏古印亦成為專門學問了。收藏最多的人種類在一萬以上。對於這種可以看出古代官名史書上不載者。印裏邊得着很多地方名字有更改者。亦可由古印中考出這些都是主要的用處。還有一種附帶的用處。就是中國人把刻印看爲美術的一種。刻圖章的人。因爲古印的發現。有所觀摩。藝術因而有大大的進步了。

五　鏡　中國古代無玻璃。都用銅鏡。直至唐宋銅鏡還是很盛行。元明以後。漸漸消滅了。現在搜羅銅鏡的人。種類不同者很多。因爲沒有統計。一時舉不出數目來。我們研究銅鏡。看它的花紋。一時代與一時代不同。鏡上所刻動植物亦不一樣。可以看出雕刻風的轉移。亦可看出中國同外族往來的狀況。因爲受外族的影響。技術上有很大的變遷。

這五樣爲銅器的大宗。此外零碎的東西很不少。如兵符。秦有虎符。唐宋有魚符。從前調兵兩地分符。一半放在地方上。或將軍身邊。一半放在皇帝那裏。要調兵時。把這一半拿去合那一半去。符的制度和形狀。一時代與一時代不同。拿來研究很有趣味。又如殷周的琱戈及矢鏃。或有文字。或無文字。將各種兵器作時代的比較。很可以看出一部分戰爭的情形。後代兵器用鐵。鐵難保存。所以毀壞了的很多。然銅的戈矛箭鏃。尚有一部保存。再如魏漢晉間的弩機。其構造又與前代迴異。亦爲考究古代戰爭情形的好資料。

丙　陶類　陶器可以分爲兩大時代。就是近代的磁器與古代的陶器。近代磁器。另外是一種專門學問。屬於美術方面的研究。此處可以不講。古代陶器。又可分爲古陶、磚瓦、模範、明器數種。在考古學上。以前兩種關係最大。後兩種關係較輕。

一　古陶　磁器以前的古陶。近來陸續出土的很多。山東方面從前齊魯的地方及直隸易州。新出土一種陶器。多屬鐘類樂器。鐙類（祭器）及壺類（酒器）。大都破碎。完整者甚少。上面刻有文字。不與普通鐘鼎文字相同。近人考訂爲戰國時文字。有地名。如某某里。及工人名。如某某人。惟不能認識的字還很多。這類陶片。正在研究中。將來能够完全認出來。一定於考古上幫助很大。此外秦時的度量衡。亦有用陶器做成的。上面有文字者。尚可識別。

二　磚瓦　最古的瓦。可以上溯到秦朝。戰國時候的秦人所用的瓦。現今尚可覓得。西漢時代。瓦最多。其上間或印有年代。所以一望而知。至於磚。那更普通了。歷代大建築所用的磚。都有文字。並標明年代。現代搜羅這種古磚。已漸漸成爲小小的專門學問了。

三　模範　古代鑄器物所用的模範。現今尚有一部保存。最主要的就是貨幣的範。漢代的範。間或可以尋得到。後代的範。則很普通。還有最初製造活字版的範。留傳的亦很多。最古的可以上溯至五代。範的搜集。與磚瓦一樣。亦成爲專門研究了。

四　明器　明器是死者殉葬所用。如俑之類。近來出土的很多。我們看俑的樣子。及所穿衣服。裏邊很有研究的餘地。近代出土的明器。以六朝及唐爲最多。服妝有點與西洋人相彷彿。面貌亦深目高鼻。不似漢人模樣。可以看出古代中西交通的痕跡。可以看服妝上所受影響。其他的器物。奇怪者頗多。爲研究古代社會風俗的絕好資料。

丁　骨甲及其他　自漢以來。一般學者。對於三代知識。率皆模糊。不甚了解。各種緯書。又多怪誕不經的學說。難以憑信。自有骨甲出土。然後殷朝事蹟。漸有一部明瞭。又西域方面。向來認爲無甚文化可言。自有竹簡發現。然後西域對於中國的關係。逐漸認爲重要。以下分爲兩段。略加解釋。

一　骨甲　考古學界最近有一種很大的興奮．就是光緒二四、二五兩年．（西曆一九八—九九）．在河南安陽縣治西五里．卽殷墟．出土一大批的骨甲．現在流到歐洲去的很多．中國方面則羅振玉劉鐵雲搜羅亦不少．這種東西初出土的時候．大家不知道作什麼用．文字亦難識別．後來經幾個大學者努力研究的結果．總算認得大半．於是中國小學界—卽文字學．起一大革命．從前臆斷許多造字的原意．臆斷錯了的．都可以得相當的改正．還有許多歷史上重大事實．古書上記載大略．令我們看不懂的．或者認爲很荒唐的．都可以得相當的補充及證明．這種東西、孔子所不曾見的．我們居然看見了．孔子所不知．我們知之．孔子說錯了．我們校正．此外則古代的社會風俗、制度、心理．亦可推想許多出來．關於這種文字的研究．現尚在進行中．我們希望再加努力．果能全部認出．所得當不只此．

二　竹簡　自從英人斯坦因（Stein）往西域考查古物．於新疆及中亞細亞一帶發現許多竹簡．就是所謂『流沙墜簡』．這種竹簡．大概都運往歐洲．歐洲人到是很有研究．我們看竹簡上的記載與中國有關係的地方很多．最古起兩漢．最近到六朝．綜合研究．一面可以多了解西域情形．一面可以多了解當時的制度風俗．

石類、金類、陶類、骨甲及其他．這四大類．不過舉其重要的部分．據我感想所到．略說幾端．其他還很多很多．我不是專門家．用不着多講．總計近百五十年來．因爲努力研究的結果．進步很快．雖然所用方法．不過是中國舊有的老法子．在學問上的貢獻已經不少了．中國考古學界過去的情形．大致如此．

不過．據我看來．考古學還是很幼稚．前途可以發展之處正多．應當努力之處亦不少．從今後．應當本着兩個方向．往前工作去．

第一個方向是發掘。從前這種古器物的出土。都是碰機會偶然發現出來。寶貝已經很多了。往後要進一步作有意識的發掘。這類工作。中國完全沒有。近來歐美學者。到中國來作有意識的採掘。成績很佳。於是中國學者。亦感覺有自動採掘的必要。假使中國眞有採掘學者。眞心要想採掘。下列幾個地方很可以值得注意。

一　新疆　近來歐美學者在新疆方面很用功。已經有很好的成績了。不過據我看來。蘊藏尙富。可以採掘的地方還很多。因為那邊是沙漠。變遷劇烈。一個古城。極容易被風沙湮沒下去。漢書西域傳與唐書西域傳不同。唐書西域傳又與今日的西域不同。其中的原故。可想而知。假使有具體的計畫。大規模的用功。將來所得的古物。一定比今日還多幾十百倍。

二　黃河上游　黃河上游一帶。古代人多穴居。直到現在。此類穴居的人。還是不少。那邊土質又疏鬆。容易奔裂。我們想像這帶地方湮沒下去的城市廬舍人畜。定不少。所以可發掘的地方。一定異常之多。

三　黃河下游　因為歷代的黃河。常有潰決的禍患。所以沿河兩岸湮沒的地方不少。最大的證據。即如民國八年(西一九一九)在鉅鹿地方。發現一所古城。位於今城下面約數丈裏邊。有宋朝徽宗大觀二年(西一一一一年)的石刻。可知是大觀以後湮沒的。我們得了這所古城。好像意大利得着潘沛依(pompii)一樣。古代的風俗制度的狀況。以及其器物技藝的變遷。都可以看出來。黃河下流。被湮沒的城。決不止這一個。將來作有意識的發掘。一定還可以發現很多。

四　古代墳墓　極古的墳墓。還有許多的的確確知道在什麼地方。不過中國以發墳為不道德。養成風氣。難以驟改。將來慢慢改變過來。則有名的墳墓。都可以次第發掘了。民國五年(西一九一六年)在廣東發現南越王趙胡的墳。其中有各種古物。可惜都四處散失了。最有發掘價值的。莫如曲阜孔陵。因爲中國人尊孔。保全得極好。不惟孔子。連孔子的子孫歷代都葬在這個地方。一點沒有搬動。如把孔子及孔子子孫的墳通通打開。歷代情形。可以瞭如指掌。那簡直是一個極好的博物院。數千年的歷史全在裏邊了。

此外古代的大城名都。或經兵燹廢爲故墟。若用人力稍爲採掘深一點。可以得出很多古物來。不過這種事業。很不容易舉辦。因爲經過的地方很廣。鄉下農民又多迷信。阻力一定異常之大。一面要等到教育普及。一面要等到政治修明。才能往下做去。現在祇能培養人才。預備工具。以後碰着機會。立刻可以舉行。

第二個方向是方法進步。以前考古學所用的方法。全是中國式。自從歐趙以後。遺傳下來。不過時時有所改良而已。此種方法。好處甚多。然亦不算完全。我們希望將來全國高等教育機關。要設考古專科。把歐人所用方法。儘量採納。

一　舊方法的改良　例如從前利用器物上的花紋文字。以斷定他的年代。這種方法。當然十分精確。不過遇着器物上沒有花紋文字。那就沒有辦法了。今後應當在他的質料形狀色澤上尋出標準。縱然沒有文字花紋。亦可以推定他的年代。

二　新方法的引用　例如有地質學的知識。可以用崖層狀況。以判定時代的早晚。有人類學的知識。可以考出頭顱骨骼的派別。這類科學。於考古方面直接間接裨益甚大。我們一面要得前人所未得的資料。一面要用前人所未用的方法。從荒榛斷梗中。闢出一塊田園來。

以中國地方這樣大。歷史這樣久。蘊藏的古物這樣豐富。努力往下作去。一定能於全世界的考古學上佔極高的位置。現今青年學者。很有許多人。在這方面做工作。正好全世界考古學泰斗瑞典皇太子殿下。到中國來。我們希望給我們以很好的指導。給我們以充分的幫助。必能爲考古學界。開一新紀元。這就是同人這一點歡迎的意思。

飲冰室專集之一百二

書法指導（在教職員書法研究會講演）

梁任公先生講演　周傳儒筆記

今天很高興能夠在許多同事所發起的書法研究會上討論這個題目我自己寫得不好但是對於書法很有趣味多年以來每天不斷的多少總要寫點尤其是病後醫生教我不要用心所以寫字的時候比從前格外多今天這個題目正好投我的脾味自己樂得來講講我所要講的大概可以分爲五段

（甲）　書法是最優美最便利的娛樂工具

凡人必定要有娛樂在正當的工作及研究學問以外換一換空氣找點娛樂品精神才提得起來假使全是義務工作生活一定乾燥厭煩無味有一兩樣或者兩三樣娛樂品調劑一下生活就有趣味多了

娛樂的工具很多譬如喝酒、打牌、下棋、唱歌、聽戲、彈琴、繪畫、吟詩都是娛樂各有各的好處但是要在各種娛樂之中選擇一種最優美最便利的娛樂工具我的意見——亦許是偏見以爲要算寫字寫字有好幾種優美便利處

一　可以獨樂　一人不飲酒二人不打牌唱歌聽戲要聚合多人才有意思就是下棋最少也要兩個人單有一個人那是樂不成的惟有寫字不管人多人少同樂亦可獨樂亦可最爲便利不必一定要有同伴

二　不擇時．不擇地．打球必定要球場．聽戲必定要戲園．而且要天氣好．又要有一定的時候．其他各種娛樂皆然．多少總有點限制．惟有寫字．不擇時候．不擇地方．早上可以．晚上亦可以．戶內可以．戶外亦可以．祇需棹子筆墨．隨時隨地．可以娛樂．非常的自由．

三　費錢不多．奏音樂要買鋼琴．要買瓌琍．價錢都很貴．差不多的人．不願買．惟有寫字．不須設備．有相當的紙墨筆．就可以．墨筆最貴不過一兩元錢．寫得好可以寫幾個月．紙更便易．幾角錢．可以買許多．無論多窮．亦玩得起．

四　費時間不多．打牌繪畫．都很費時間．牌除非不打．一打起碼四圈．有時打到整天整夜．作畫畫得好．要五日一山．十日一水．惟有寫字．一兩點鐘可以．一二十分鐘亦可以．有機會．有功夫．提筆就寫．不費多少時間．

五　費精神不多．作詩固然快樂．但是很費腦力．如古人所謂『吟成五個字．撚斷數根鬚』．非嘔心鏤血不易作．好下棋亦然．古人常說．『長日惟消一局棋』．你想．那是何等的費事．惟有寫字．在用心不用心之間．腦經並不勞碌．

六　成功容易而有比較．學畫很難．學會成功．一個畫家．尤爲難上加難．唱歌比較容易一點．但是進步與否．無法比較．昨日的聲音．今日追不回來．惟有寫字．每天幾頁．有成績可見．上月可以同下月比較．十年之前．可以同十年之後比較．隨時進步．自然隨時快樂．

七　收攝身心　每天有許多工作．或勞心．或勞力．作完以後．心力交瘁．精神遊移．身體亦異常疲倦．惟有寫字．在注意不注意之間．略爲寫幾頁．收攝精神．到一個靜穆的境界．身心自然覺得安泰舒暢．所以要想收攝身心．

寫字是一個最好的法子。

依我看來寫字雖不是第一項的娛樂。然不失爲第一等的娛樂。寫字的性質。是靜的。不是動的。與打球唱歌不同。喜歡靜的人覺得興味濃深。喜歡動的人。亦應當拿來調劑一下。起初雖快樂略小。往後一天天的快樂就大起來了。

以寫字作爲娛樂的工具。有這麼許多好處。所以中國先輩。凡有高尙人格的人。大半都喜歡寫字。如像曾文正李文忠。差不多每天都寫。雖當軍書旁午。亦不間斷。曾文正無論公務如何忙碌。每一興到。非寫不可。李文忠事事學曾。旁的趕他不上。而規定時刻日常寫字。同曾一樣。這種娛樂。又優美。又便利。要我來講。不由我不高興。

（乙）書法在美術上的價值

愛美是人類的天性。美術是人類文化的結晶。所以凡看一國文化的高低。可以由他的美術。表現出來。美術世界所公認的爲圖畫。雕刻、建築三種。中國於這三種之外。還有一種。就是寫字。外國人寫字。亦有好壞的區別。但是以寫字作爲美術看待。可以說絕對沒有。因爲所用工具不同。用毛筆可以講美術。用鋼筆鉛筆祇能講便利。中國寫字有特別的工具。就成爲特別的美術。

寫字比旁的美術不同。而仍可以稱爲美術的原因。約有四點。

一　綫的美。　這種美的要素。歐美藝術家講究得極爲精細。作張椅子。也要看長短、疏密、粗細、灣直。作得好就美。作得不好就不美。綫的美。在美術中爲最高等。不靠旁物的陪襯。專靠本身的排列。譬如一個美人專講塗脂傅粉。祇能算第二三等脚色。要五官端正。身材勻稱。才算頭等脚色。假如鼻大眼小。那就是醜。五官湊在一塊。亦是醜。眞正的美。在骨格的擺布。四平八穩。到處相稱。在眞美中。綫最重要。西洋美術。最講究綫。黑白相稱。如電燈照出來一樣。這種美術。以前不發達。近來才發達。這種美術。最能表示綫的美。而且以綫爲主。寫字就是要黑白相稱。同是天地玄黃幾個字。王羲之這樣寫。我們亦這樣寫。他寫得好。我們寫得醜。就是他的字。黑白相稱。我們的字黑白不相稱。向來寫字的人。最主要的有一句話。「計白當黑」。寫字的時候。先計算白的地方。然後把黑的筆畫嵌上去。一方面從白的地方看美。一方面從黑的地方看美。

一個字的解剖。要計白當黑。一行字。一幅字。全部分的組織。亦要計白當黑。譬如方才講的天地玄黃幾個字。王羲之擺得好。我們擺得不好。但是讓王羲之寫天字。歐陽詢寫地字。顏魯公寫玄字。蘇東坡寫黃字。合在一起。一定不好。因爲大家下筆不同。計算黑白不同。所以混合起來。就不美了。綫的美。固然要字字計算。同時又要全部計算。

做椅子如此。寫字如此。全屋子的擺設。亦是如此。譬如這間屋子。本來是宴會廳。現在暫時作爲講演室。棹子椅子。橫七豎八的湊在一起。就不美了。因爲綫的排列不好。眞的美。一部分的綫要妥貼。全部分的綫亦要妥貼。如果繪畫。要用很多的綫。表示最高的美。字不比畫。衹需幾筆。也就可以表示最高的美了。

二　光的美　繪畫要調顏色。紅綠相間。才能算美。就是墨筆畫。不用顏色。但是亦有濃淡。才能算美。寫字這件事。說來奇怪。不必顏色。不必濃淡。就是墨。而且很勻稱的墨。就可以表現美出來。寫得好的字。墨光浮在紙上。看去很有精神。好的手筆。好的墨汁。幾百年幾千年。墨光還是浮起來的。這種美。就叫着光的美。

西洋的畫。亦講究光。很帶一點神祕性。對於看畫。我自己是外行。實在不容易分出好壞。但是也曾被人指點過。

說某幅有光。某幅無光。我自己雖不大懂。總覺得號稱有光那幾幅。眞是光彩動人。不過西洋畫所謂有光。或者因爲顏色。或者因爲濃淡那是自然的結果中國的字墨白兩色相間光綫卽能浮出。在美術界類似這樣的東西。恐怕很少。

三　力的美。　寫字完全仗筆力。筆力的有無。斷定字的好壞。而筆力的有無。一寫下去。立刻可以看出來。旁的美術。可以塡可以改。如像圖畫。先打底稿再畫。畫得不對再改。油畫尤其可以改。先畫一幅人物。在上面可以改一幅山水。如像雕刻。雖亦看腕力。然亦可改並不是一下去就不動。建築更可以改。建得不美。撤了再建。無論何美術。或描或塡或改。總可以設法補救。

寫字。一筆下去好就好。糟就糟。不能塡不能改。愈塡愈笨。愈改愈醜。順勢而下。一氣呵成。最能表現眞力。有力量的飛動、遒勁、活躍。沒有力量的呆板、委靡、遲鈍。我們看一幅畫不易看出作者的筆力。我們看一幅字有力無力。很容易鑑別。縱然你能模仿。亦祇能模仿形式。不能模仿筆力。祇能說學得像。不容易說學得一樣的有力。

四，個性的表現。　美術有一種要素。就是表現個性。個性的表現。各種美術都可以。卽如圖畫、雕刻、建築。無不有個性存乎其中。但是表現得最親切最眞實。莫如寫字。前人曾說「言爲心聲。字爲心畫。」這兩句話。的確不錯。放蕩的人說話放蕩。寫字亦放蕩。拘謹的人說話拘謹。寫字亦拘謹。一點不能做作。不能勉强。

旁的可假。字不可假。一個人有一個人的筆跡。旁人無論如何模仿不來。不必要毛筆。才可以認筆跡。就是鋼筆鉛筆。亦可以認筆跡。是誰寫的。一看就知道。因爲各人個性不同。所以寫出來的字。也就不同了。美術一種要素。是在發揮個性。而發揮個性最眞確的。莫如寫字。如果說能够表現個性。就是最高美術。那末各種美術。以寫字爲最高。

寫字有綫的美。光的美。力的美。表現個性的美。在美術上價值很大。或者因爲我喜歡寫字。有這種偏好。所以說各種美術之中。以寫字爲最高。旁的所沒有的優點。寫字有之。旁的所不能表現的。寫字能表現出來。

（丙）　模仿與創造

模仿與創造。這個問題。不單在寫字方面。要費討論。就是一切美術及其他藝術的大部分。都成爲一種問題。創造固然切要。但是模倣是否切要。模仿與創造有無衝突。這都是值得研究的地方。許多人排斥模倣。以爲束縛天才。我反對這種說法。學爲人的道理。學做學問。學所有一切藝術。模倣都是好的。不是壞的。都是有益的。不是無益的。

簡單說吧。從前人所得的成績。從模仿下手。用很短的時間。很小的精力。就可以得到。得到後。才挪出精力。做創作的工夫。這是一件很經濟的事情。考古學者。在地洞中。發現許多古畫。畫得很好。這種畫。在古代爲創作。假使人人如此。不憑藉前人的成績。設法改良。專靠一點天才。鑿空創作。並不是不可以。不過幾萬年後所作的畫。恐怕還是同古代的山洞裏的畫。差不多。那還有什麼進步可言呢。

小孩子。在初小的時候。喜歡畫。牆上。壁上。畫出些頭大手短的像來。很膚淺。大畫家現在流行的後期印象派的畫。很眞切。有天才的小孩子。祇要好好模倣。亦可由膚淺進於眞切。已成功的大畫家。若當初不模倣。恐怕亦不會有什麼進步。模倣這種性質。就是從前的文化。代代繼承下來。好像祖上的遺產。代代增加上去一樣。白手興家。豪傑之士。但是白手可以發一百萬。若得父兄一百萬。就可以發一千萬。一萬萬。白手興家。固然很好。那能希

望人人如此呢、

人類文化很長慢慢地繼承。增加下去。小的時候。得了許多知識。有所憑藉。再往前努力活動。又可以添了許多的經驗。如此一代一代的繼承。一代一代的增加。全部文化的產業。可以發展進步到很大很高。所以我認爲模倣是好的不是壞的。是有益的不是無益的。無論何種事業。都是如此。作人亦然。歷史上偉大的人物。又何嘗沒有模倣。我們所知愷撒極力學亞歷山大。拿破侖又極力學愷撒。不管他學得對不對。有所模倣成功容易。

一切事情。不可看輕模倣。寫字這種藝術。更應當從模倣入手。並不是說從前人的聰明才力比我們強。我們萬趕不上。乃是各人有各人的特別嗜好。因爲嗜好所以成功。譬如說王羲之天天寫字。池水皆黑。後來叫作墨池。這個話眞不眞。暫時不講。至少我們可以知道王羲之因爲天才相近。又肯用功。所以寫出來的字成績很好。我們的天才用功。當然不如他。離開他去創作。未嘗不可。不過他經幾十年甘苦所成的字。天才又高。功夫又絕熟。總可以作模範。因爲模倣他。他黑一池。我黑半池。亦定寫得好。模倣可以省事。前人的產業。我們來承受。我們的產業。後人來承受。自然一天一天的進步、增加。模倣在任何藝術。都有必要。字亦不能獨外。

模倣有兩條路。

一　專學一家。要學得像。即以寫字而論。或學顏眞卿。或學歐陽詢。學那一家。終身學他。剛才講拿破侖學愷撒。是這樣。孟子學孔子（乃所願則學孔子也）亦是這樣。此種模倣法用力容易。定有範圍。學之易像。

二　學許多家。兼包並蓄。先輩教人立身。要多讀前言往行。以畜其德。不管是誰說的。誰作的。祇要是好。都拿來受用。揚雄說過『讀一千篇賦。自然會作賦』我們可以換句話說『學一千種碑。自然會寫碑』一千種未免太多。少點五百種。再少點五十種。學過後自然寫得好了。

兩條路之中。頭一條路。其優點是簡切容易下手。其弱點是妨害創作。許多人專學一家。爲所束縛。把天才壓下去了。第二條路。其弱點是空洞氾濫無歸。其優點是不妨害天才。可以自由創作。我個人的主張。寧肯學許多家。不肯專學一家。走第二條路。以模倣爲過渡。再到創作。此爲上法。

於此有一件應當注意的事情。就是分期學習。模倣若干種。分爲若干時間。學這種時。不知那種。學那種時。不知這種。專心專意。不可參雜。參雜則不成功。從前人教人讀書。有兩句話『讀易時覺得無尚書。讀詩時不知有春秋』這是表示專一的意思。不專不讀。讀則專一。寫字亦然。模倣一種。把結構用筆。全學會後才換第二種。依我的經驗。一種碑臨十遍。可知他的結構及用筆。譬如一千字的碑寫到一萬字。就把結構用筆。都得着了。得着後。換第二種。

換的時候有一種很巧妙的方法。卽擇若干種相反的碑帖。交換着模倣。譬如先學用圓筆的碑一萬字。回頭再學用方筆的碑一萬字方筆圓筆兩種相反。一種寫了一萬字之後。兩下合起來那就不方不圓。成了自己的創作。無論何種藝術。此法都可應用。譬如學詩。學李杜二人。學李時如無杜。不去讀杜詩。學杜時。如無李。不去讀李詩。方學時候。不知像否。離開以後。不李不杜。自成一派。

第二條路固然很好。指定若干碑帖。排列次序。一種一種的學去。想出方法來調和。學過五十種或百種以後。脫手時自成一派。由模倣到創作。這是最妙的方法。第一條路亦未嘗不好。前人喜歡臨僻碑。如像何子貞得張黑女碑。絕對不告人。不知道的還說他是創作。其實亦有所本。這種方法。可以用學過許多種類之後再學一個特別的，亦未嘗不可，單走第二條路，恐怕汎濫無歸，單走第一條路，恐怕減少創造能力，混合兩法，先學許多家，最後以一家爲主，這算最妥當的法子了。

模倣任何事物，初入手時，最要謹愼，起初把路子走錯了，以後很難挽救，今人不如古人，不是天才差，祇是習染壞，如像性本相近，習則相遠，唐朝有一個彈琵琶的教師，沒有學過的去學，他說三年就會彈得好，的去學，他說五年才會彈得有名，的去學，他說非十年不可，人問何故，他說沒有學過，而質地好的人，教得得法，成功容易，彈得好彈得有名的，最初幾年的功夫，須把壞習氣改過，才能學好，所以格外費時間了，無論何種藝術，皆然，習字也是一樣，清朝的字比較不好，因爲人人都要學大卷子白摺子，很呆板，沒有性靈，我年輕時候，想得翰林，也學過些時候的翰林字，到現在總不脫大卷子的氣味，諸君出過洋的多，常用鋼筆和鉛筆，至少沒有大卷子習氣，學時容易得多。

入手很難，所以最初就要謹愼，不可走錯了路，最不應該模倣的，依我看來，約有四派。

一　趙子昂董其昌，這一派，淸初很爲流行，並不是不好，祇是不容易學，若從這派入手，筆力軟弱，其病在嫵媚圓滑，無丈夫氣，中了這派的毒，很不容易改正。

二　蘇東坡，這一派，喜歡用側鋒，東坡固然好，學他就不行，若從這派入手，筆鋒偏倚，其病在於庸俗，至多學出一個水竹邨人——徐世昌，翰林字，總統字，但是不行。

三　柳公權，這一派，乾燥枯窘，本身雖好，學之不宜，我常說柳字好像四月的臘腸，好是好吃，祇是咬不動，學他的人，一點不感樂趣，學字本爲娛樂，乾燥無味，還有什麽意思呢。

四　李北海。這一派向來人很讚美。稱爲『王龍躍。李虎臥。』唐時尤爲有名。但是亦不可學。若從這派入手。其病在偏。與蘇派同一流弊。東坡本學北海。但北海稍爲平正厚重些。

總括起來說。模倣是必要的。由模倣可以到創造。無論單學一家。或多學幾家都可以。但是最初的時候。不要走錯了路。趙、董、柳、蘇、李幾家。最不可學。用爲幾十種模範中的一種。尙還可以。起初從他們入手。以後校正困難。頂好是把他們放在一邊。不學才對。

（丁）碑帖之選擇

寫字須要模倣。上面已經說了。但是模倣應當以何種爲資料呢。現在人多講臨帖。其實帖同碑不一樣。帖從何來。最初的帖爲五代時南唐的澄淸堂。以前無帖。北宋時帖頗盛。有淳化閣。淳熙閣。大觀帖。皆皇帝所刻。有名的絳帖潭帖。亦從皇帝的帖翻刻出來。最初祗有墨跡。前代寫家所留極寶貴的墨蹟。藏在天府。祗有一本。如何才可以流通。就是用雙鉤鉤下來。刻在木板或石塊上。然後翻印成帖。好帖很少。雙鉤鉤出墨跡保存。此尙不失原樣。如淳化閣澄淸堂皆然。鋒澤異常圓潤。再鉤再翻。經過兩手。鋒澤已走。漸失本眞。眞的好帖。海內能有幾本。一張帖。說是某人寫的。眞否尙是問題。縱是眞的。經過幾回翻刻。已經與本來面目差得很多。從前講臨帖。實在不合算。就能得眞帖。已經隔幾層。何況眞帖難得。卽如淳化閣有十本。果屬眞跡。價値幾萬金。我們亦買不起啊。碑同帖不一樣。從前講書丹刻石。就是請寫得好的書法家。用銀朱寫在石頭上。再請良工刻出來。所隔祗有一層。走樣尙小。帖縱是眞。幾經翻刻。失脫本來面目。碑若是眞。不經翻刻。眞面目尙可見。所以說臨帖不如臨碑。乾隆以前帖學很盛。中葉以後碑學代興。直到現在。珂羅版發明。帖學有恢復的希望。譬如商務書館的大觀帖。

一本幾塊錢。那就很用得了。有珂羅版以後。不會走樣。臨帖還可以。未有之前。要得比較近眞的帖。絕非寒士所能。假如不得眞帖。祗有經過四五回的翻板。從此入手。比學趙蘇柳李四家還糟。一點骨氣都沒有。

好帖難找。不如臨碑。碑有六朝碑同唐碑兩種。在從前帖學盛行的時候。碑學亦很講究。唐碑中。歐褚顏虞幾家都很好。學的人很多。而歐陽詢的九成宮及皇甫君碑。顏眞卿的麻姑壇東方畫像贊尤爲普遍。不過學這種碑。很危險。因爲翻刻本多。買原搨本寫。其價不讓買帖。所以有名唐碑。亦不易找。

有名書家固然唐多。然唐代的字很呆板。雖然他們不是以大卷子白摺子寫字。但是因爲要迎合唐太宗的意思。所以風格漸卑。與其學唐碑。不如學六朝碑。唐碑即由六朝碑出。唐代幾個有名的書家。求他們的來歷。六朝中都有。學六朝碑的好處有兩種。

一　跡眞字好。　碑後題名。註明某人所書。這是唐以後的風氣。六朝以前沒有。唐後的書家爲貴族的。如歐褚等。皆是。六朝的書家爲平民的。不出主名。因此贗品很少。風格很高。好像漢古樂府。許多人不著名。然其作品比曹子建陶淵明的作品還好。學詩要學漢樂府。學曹陶等的老師。唐代書家都從六朝出。與其貪名聲大。反而不得眞跡。何如從六朝無名作品入手。還可以看出他們的變遷。

二　物美價廉。　唐朝名碑或者搨得壞。或者是翻板。鋒芒看不出來。六朝碑。新出土的不少。最近二三十年。開隴海鐵路。翻動地皮。發現的碑更多。這種新出土的碑。無美不備。價又低廉。最貴重的墓誌銘及造象。少的三五毛。多的四五元。過十元以上的。可謂絕無僅有。拿一千塊錢買九成宮。比一塊錢的新出土的墓誌銘。孰好孰壞。尚是問題。就是一樣。而價值已差多了。

學碑應從六朝碑入手。拿一百塊錢到琉璃廠可以買一二百種六朝碑。有的亦許比歐陽詢顏眞卿還好。新出土的碑。不著名。不花錢。眞跡多鋒芒在。淳化閣九成宮一類東西。又著名。又花錢。翻板多。鋒芒失。所以我主張臨六朝新出土的碑。近來有珂羅板。很方便。臨帖亦還可以。沒有珂羅板以前。眞不要打此種主意。

六朝碑很多。連造像帶墓誌及碑。總在二千種以上。單是龍門造像。就有一千多種。在這許多之中。可以挑出幾種。看何者爲最好。各人主觀不同。標準自不一樣。依我看來。龍門二十種。很好。很便易。不過二三元錢。其中如魏靈藏。孫秋生。始平公。楊大眼。廣川王太妃。北海王祥。法生。都可以學。各墓誌中如元顯魏。元欽。元固元倪。石夫人。元詮。元演元颺常受繁寇臻寇憑李超孫遼韓顯宗。刁遵崔敬邕。鄭道忠賈瑾。都可以學。都很好。古碑中如張猛龍。鄭文公。賈思伯。根法師。蕭瑒。龍藏寺。蘇孝慈。亦都很好。都可以學。我所認爲最好的造象墓誌及碑。大概如此。

但是應從那一種下手呢。前面所講趙柳蘇李四派不可學。乃是消極方面的。至於積極方面。各人主觀不同。我的意思。仍從方正嚴整入手爲是。無論做人作事。都要砥礪廉隅。很規律。很穩當。豎起脊梁。顯出骨鯁。才好。假如像球一樣圓圓滑滑。四面亂滾。那就可怕。而且站不住。所以作詩。我反對學白香山陸放翁。並不是白陸不好。是不可學。學他們成爲打油詩。太容易。無價值。應先從難處下手。才是。再如做人。孔子三十而立。四十而不惑。七十而從心所欲不逾矩。不逾矩算很好了。但要經三十。四十。以至七十。費了許多年「立」和「不惑」的工夫。才能辦到這個樣子。這種圓法。很有價值。若先從容易的下手。作事如圓球。做人爲滑頭。學詩爲打油。那眞不可救藥了。

學字。最好造像中。從魏靈藏。始平公。楊大眼入手。笨極。呆極。但是很稠密。全身的力。都在上面。打得緊。不漂滑。非從這類入手．容易流於浮靡．碑中從根法師．張猛龍入手．用筆很重．鋒芒很顯．容易學得像．學得好．墓誌銘中．各種都有．要隨時參用．我認爲最適當．這是幾種．都很穩重規律．

唐碑同六朝碑的比較．就是前者規矩整齊．後者無一定的規則．要想筆力遒勁．學六朝碑亦可．要想規矩整齊．學唐碑亦可．唐碑中以歐陽詢．虞世南．褚遂良．李北海．顏魯公．柳公權．這幾家最爲著名．李柳兩家不可學．褚輕鬆．虞圓潤．但佳拓難得．諸名家中．還是歐顏兩家．有谿徑可尋．容易模倣．歐顏皆極方嚴．學去無流弊．歐的九成宮．皇甫君．顏的麻姑壇．畫像贊．因有珂羅板．尚不甚貴．其餘各家．珂羅板影印的亦很多．

學唐代的大寫家．又不如學第二流．譬如小歐．完全學他的父親．因爲才力不如．格加謹嚴．挺拔比大歐還容易．沒有什麼毛病．小歐的道周法師碑．泉男生碑．很好．由他入手．再學大歐．就不難了．

總括起來說．臨帖不如臨碑．臨唐碑又不如臨六朝碑．如學唐碑．柳太乾．李太偏．虞褚少谿徑．惟顏歐兩家易學．顏於厚重方嚴之中．帶有風華．而小歐比大歐．更挺拔．至於帖．沒有珂羅版前．切不可學．影印術發明後．亦還可以選擇碑帖．大概如此．將來那位有興致．可以指定若干種來．我們大家批評．

（戊）　用筆要訣

一面要有好碑帖作模範．一面要有簡單的用筆規則．好去遵循．寫字才容易．好．從前的筆法歌訣．藝舟雙楫一類的東西．很麻煩．有許多不容易作到．我現在用很簡單的話．將幾種很普通的原理．歸納起來說明如下．

A.　執筆

一　指密　指頭逼緊．大指中指執筆．其餘的幫忙．指頭的間隔．不可太疏．疏則無力．

二　拳空　拳非空不可。從前的人講究要可以握一個蛋。假使一把捉死。一定轉運不靈。

三　腕活　眞講寫字。腕要懸空。寫小字如此。未免太苦。然亦不可貼死在棹子上。離開一點。運用才可敏活。

四　筆正　腕一活。筆正就容易。執筆是手指。用筆還是手腕。筆頭要端正。假使兩面攏。一定無氣力。用指力小。用腕力大。

五　鋒齊　會寫字的人。講究『萬毫齊着』。把筆毛打開一半。讓筆鋒的力量都到紙上。不讓一毫落空。自然中正飽滿了。

B. 運筆

一　畫平　一筆寫去。兩端一般平。看時容易。做時困難。許多寫家用一生的功夫。都沒做到綫的美。所以表示不圓滿。就是這個原故。

二　竪直　這條同前條一樣。不易做到。誠然蘇東坡李北海張猛龍都是偏的。沒有一筆平直。但他們有方法補救。上面不平。下面稍低。中間不竪。兩側稍斜。全部看來還是平直的。他們會補救。保持綫的美。我們不會就學糟了。

三　中滿　一筆過去。中間不要蜂腰。氣力始能到底。這是一個原則。褚字是例外。中間小。頭尾粗。雖量分寸。似乎不滿。但筆力還是滿的。此類字不可學。要學平正通達的字。橫直一般粗細。尖的地方。亦得慢慢尖去。

四　轉遒　轉灣的時候。要遒勁有力。圓則如半環。方則如刀切。最忌諱有脰肛。有便難看。轉遒與中滿同一原則。萬一力不到。點幾點。那就異常之糟。這個病最易犯。

五 鋒回 出鋒的地方，一點一撇，最要注意力量須灌到一躲懶帶過去，那便糟了，初學時一筆到頭回鋒勒住，左行的鋒往右勒，下行的鋒往上勒，寫熟後不必回鋒亦有含蓄。

執筆運筆的方法，前人講得很多，此處不能多講，單講這十條，祇要一一做到，那亦就很够了，還要說幾句關於用好筆用硯的話，這也是講書法不可不注意的事情。

我用筆很講究，每支一元或二元三元不等，看來費錢，其實省錢，比諸同事還省，我用一管好羊毫寫一萬字，正是照樣，筆在我手裏幾乎不會爛，一定要寫到「禿中書不中書」這才東之高閣，我用筆不讓一根毛脫，寫時祇開一半，乾後溫水潤之，自然不易壞了。

用筆最忌按頂，好不用墨盒，拿筆到墨盒中打滾，墨乾了，擠出來，筆安得不壞，我常用硯慢慢的磨，磨得很勻很細，寫在紙上，自然好看，而且醮墨時不虧筆，新墨有光，舊墨無光，我從來不用隔天的墨，寫完後用水將硯洗淨，再寫時再磨。

用筆用狼毫易碎，不如羊毫經久，我的經驗，一支羊毫，可以抵三支狼毫，無論什麼筆，壞在脫毛，一根斷，全體跟着斷，會寫字的人，祇有寫禿筆，沒有寫壞筆，假使用一塊錢以上的羊毫，又用硯，可以寫得舒服，而且省錢。

初學臨帖，最好用九宮格，可以規定綫的美粗細、疏密、高低、長短，祇須差一點，結果就不同了，臨塊碑十次，三次用九宮格，七次放開手寫，一定能寫得規律嚴正。

還有一種叫摹帖，摹與臨不同，臨是看着寫，摹是蓋在上面寫，摹得用筆，臨得結構，兩者都可並用，現在帖便易，不怕摹浸，主要的碑帖，臨十回，摹一回就可以了。

今天講得簡漏得很。但是因爲用功寫字。其中頗多甘苦之言特別向諸君貢獻。至於我所藏的碑帖。多在天津家裏沒帶來。以後有機會。還可以同諸君切實的觀摹研究。